Tokyo

ひとり旅って、こんなに楽しい！

ソロタビ

solotabi

東京・横浜

Yokohama

ひとり旅って、こんなに楽しい! ソロタビ 東京・横浜 Contents

ひとりだから楽しい8のこと!

東京

横浜

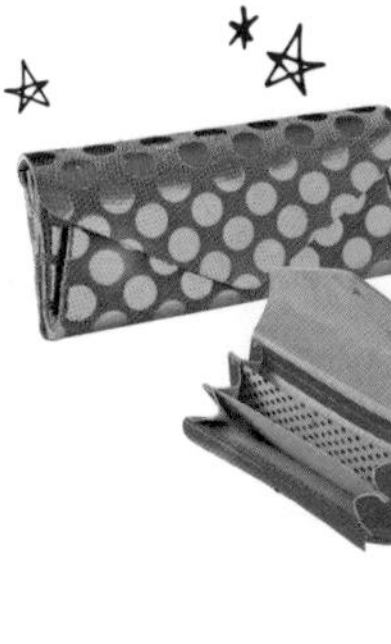

マークの見方
● カウンター…カウンター席の有無 ☎ 電話番号 住 住所 交 交通
料 料金 時 開館時間、営業時間 休 休み

MAP記号の見方
● レストラン・カフェ ● ショップ ● 観光スポット ● ナイトスポット
H ホテル

Yokohama

楽しい8のこと!

ご紹介。気になるスポットやショップをチェック!

サントリー美術館内「shop x cafe」のパフェ(イメージ)

Enjoy Tokyo 1

鑑賞の余韻にひたれる

ハイセンスな美術館のカフェ

高感度なアート作品を展示する美術館は、併設のカフェもとっても素敵。絶品スイーツを味わいながら、鑑賞の余韻にひたってみては?

丸の内

明治期の洋風建築を復元

三菱一号館美術館《みつびしいちごうかんびじゅつかん》

☎03-5777-8600(ハローダイヤル) MAP P105A4

明治27年(1894)建造の「三菱一号館」を復元した建物で、近代美術などの企画展を年3回開催。 DATA 住千代田区丸の内2-6-2 交JR・地下鉄各線東京駅から徒歩5分 時10～18時(祝日を除く金曜・第2水曜、会期最終週平日は～21時) 休月曜、展示替え期間

Café 1894自家製クラシックアップルパイ 930円

サクサク食感のクランブル生地が楽しい!

Café 1894ガーデンプレートランチ(ハーブティー付き)1650円

ランチメニューの提供は11～14時

Café 1894《かふぇ いちはちきゅうよん》

旧銀行営業室でカフェを営業。企画展タイアップメニューも用意。

☎03-3212-7156

時11～23時(22時LO)

休不定休

カウンター席 なし

Solo tabi Tokyo &

ひとりだから

ソロタビだからこそ楽しみたい、東京と横浜のトピックを

ひとりだから楽しい8のこと!

サロン・ド・テ ロンド《さろん・ど・て ろんど》

巨大な逆円錐形の最上部にあるティーサロン。ケーキやサンドイッチを種類豊富な紅茶とともに味わえる。
☎03-5770-8162
時11時～17時30分LO
(金曜は～18時30分LO)
休美術館に準ずる
カウンター席 なし

ケーキセット 1386円

ケーキは6種類からチョイスOK。コーヒーまたは紅茶とともに

六本木

何度も訪れたい!
国内最大級の美術館

国立新美術館《こくりつしんびじゅつかん》

©国立新美術館

☎03-5777-8600 (ハローダイヤル) MAP P109A3

優美な曲線を描くガラス張りの外観が印象的。国内最大級の展示スペースを誇り、会期ごとに多彩な展覧会が開催される。DATA 住港区六本木7-22-2 交地下鉄千代田線乃木坂駅に直結 時10時～最終入場17時30分 (企画展開催中の金・土曜の最終入場は19時30分) 休火曜 (祝日の場合は翌平日)

軽食や開催中の展覧会とのコラボメニューも登場(写真は一例)

Cafe THE SUN かふぇ ざ さん

52階にあるカジュアルなカフェ。ゆっくり食事を楽しむならレストランラウンジ「THE MOON」へ。
☎03-3470-5235
時11～22時
(フードは21時LO、ドリンクは21時30分LO)
休無休
カウンター席 なし

六本木

国内外の現代アートを
身近に鑑賞できる

森美術館《もりびじゅつかん》

画像提供：森美術館

☎03-5777-8600 (ハローダイヤル) MAP P109A4

森タワー最上階に位置する、国際的な現代アートの美術館。多彩な企画展を開催。夜遅くまで開館しているのも魅力だ。 DATA 住港区六本木6-10-1 六本木ヒルズ森タワー53階 交地下鉄日比谷線・大江戸線六本木駅に直結 時10～22時 (火曜は～17時) 休会期中無休

shop x cafe しょっぷ ばい かふぇ

金沢の老舗「加賀麩不室屋」が監修。
☎ 美術館と同じ
時11～18時
(金・土曜は～20時)
休展示替え期間中の火曜
※2020年5月12日まで休業
カウンター席 あり
※写真は改修工事前。変更の可能性あり

麩あんみつ

白玉麩のもっちり食感がたまらない

六本木

古くから愛されてきた
“日本の美”に触れる

サントリー美術館《さんとりーびじゅつかん》

©木奥恵三

☎03-3479-8600 MAP P109B2

「生活の中の美」を基本テーマに、絵画や工芸、陶磁、染織など約3000件の作品を収蔵している。DATA 住港区赤坂9-7-4 東京ミッドタウン ガレリア3階 交地下鉄日比谷線六本木駅に直結 時10～18時(金・土曜は～20時、ショップは10時30分～、火曜・展示替え期間は11時～) 休火曜、展示替え期間
※2020年5月12日まで改修工事のため休館。

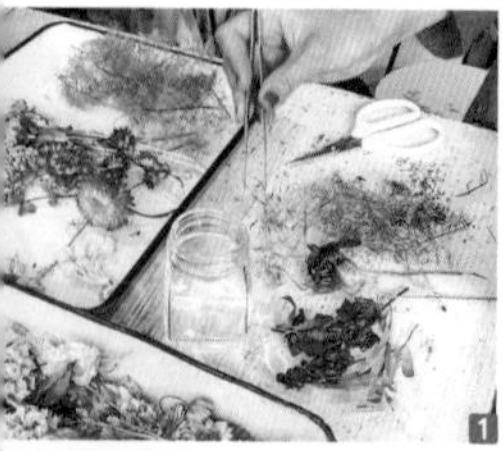

1 好きな花を選んでオリジナルの瓶の中に詰めていく
2 バランスを見ながらハーバリウムオイルを注げば完成!

Enjoy Tokyo 2

楽しくハンドメイド♪

話題のワークショップで自分磨き

ハーバリウムやアクセサリー作りなど、作業に集中できるワークショップはソロタビに最適。手作りした作品には、きっと愛着がわくはず。

下北沢

インテリアに大人気のボトルフラワー

marmelo

まるめろ

☎03-5787-8963 MAP P103B2

池ノ上の商店街にある小さな花屋では、ボトルフラワーのレッスンを開催。好みのドライフラワーやプリザーブドフラワーを選び、ハーバリウムオイルに漬ければできあがり。 DATA 住世田谷区代沢2-36-30 廣井ビル1階 交京王井の頭線池ノ上駅から徒歩3分 休火曜

Bottle flower lesson

料金:2000円(瓶1つ追加+1500円)
開催日時:土・日曜(平日は応相談)の11時〜/15時〜
所要:30分〜1時間
予約・定員:要予約、各回5名

清澄白河

実用性抜群!江戸硝子の醤油差し

GLASS-LAB

ぐらすらぼ

☎03-6318-9407 MAP P102C2

65年以上続くガラス加工所で、伝統工芸の江戸硝子の醤油差しの口部分を削り、加工してみよう。液だれしにくく、デザイン性も優れている。ガラスの端材を使った万華鏡制作プラン2300円も実施。 DATA 住江東区平野1-13-11 交地下鉄半蔵門線・大江戸線清澄白河駅から徒歩5分 休無休

伝統工芸品「江戸硝子」液だれしにくい醤油差しのガラス加工体験

料金:4000円 開催日時:12時〜(土・日曜・祝日は10〜15時※最終受付)
所要:30分〜1時間
予約・定員:要予約、定員5名

万華鏡はタネの部分にガラスの端材を混ぜて作る

渋谷

クリエイターが集まるカフェ

FabCafe Tokyo《ふぁぶかふぇ とーきょー》

☎03-6416-9190 MAP P113A1

カフェの一角で、レーザーカッターや3Dプリンターなどのデジタル工作機械を使ってもの作りを楽しめる。気軽に挑戦できる簡単Fabキットやワークショップも用意。

DATA 住渋谷区道玄坂1-22-7 道玄坂ピア1階 交京王井の頭線神泉駅から徒歩3分 休無休

旅するカードケース2

料金:レザーキット(本体) 2856円
レーザー刻印816円、UVプリント加工816円
開催日時:10〜22時(土・日曜、祝日は〜20時)、随時受付 所要:1時間 予約・定員:要予約(当日も可。電話で問合せを)

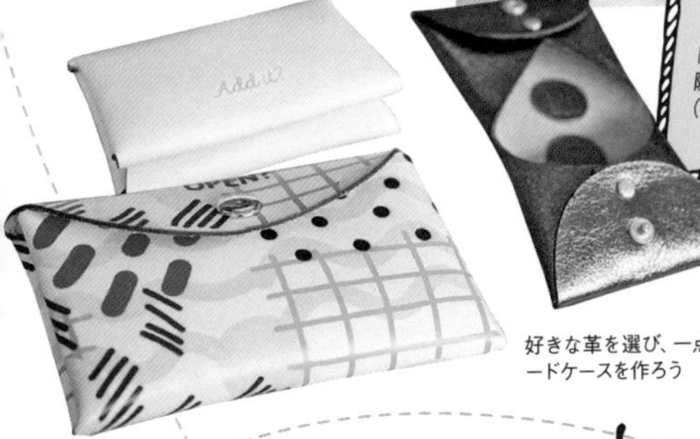

好きな革を選び、一点物のカードケースを作ろう

アクセサリー作りもできる。バレッタ1個2040円、バングル1個1530円

フレッシュグリーンのクリスマスリース作り(一例)

料金:8500円 開催日時:HPで確認を
所要:1時間30分〜2時間
予約・定員:要予約、各回8名

表参道

月替わりの"ボタニカルレッスン"

Botanica Flower School《ぼたにか ふらわー すくーる》

☎080-9464-2587 MAP P111B4

季節に合わせてテーマを設け、植物を使った1dayレッスンを開催。ドライフラワーや生花を使ったものや、テラリウム、リース作りなど、内容は月替わり。初心者もウエルカム!

DATA 住港区北青山3(予約時に詳細を案内) 交地下鉄各線表参道駅から徒歩圏内

上.11月恒例のクリスマスリース作りは特に人気が高い 右.テラリウムのレッスンもおすすめ

道具は教室に揃っているので、手ぶらでOK!

いちごのムース
カップパフェ 2300円
（ドリンク付き）
中には3種類のいちごのアイスが入る。ムースにもいちごがたっぷり

旬のフルーツを使ったパフェは数量限定！

Enjoy Tokyo 3

素敵カフェで味わう

カラフル&キュートなパフェ

**フレッシュフルーツを使って仕上げるパフェは、もはやアート！
美しいビジュアルと層状に重なるおいしさに大満足♥**

西早稲田

Cafe de Peru《かふぇ ど ぺる》

☎なし　MAP P103B1

注文を受けてからフルーツをカットして作るパフェは贅沢な味わい。内容は季節により変更あり、前日までに要予約。 DATA▶ 住新宿区西早稲田2-16-17 NKビル1階　交地下鉄西早稲田駅から徒歩5分、JR高田馬場駅から徒歩10分　時11時30分～17時15分（16時LO）　休不定休　カウンター席 あり

数量限定なので、前日までにLINE@で予約を

ワタシが食べたのはコレ！

シャインマスカット
パフェ 2200円
（ドリンク付き）
季節のパフェの一例。大粒のマスカットは宝石みたいな美しさ！

繊細な造形のパフェはグラスにもご注目

林檎とアボカド 1600円
サイズや食感の異なるパーツを積み重ねた芸術的なパフェ（内容は季節により変更あり）

四季折々のスイーツにうっとり♡

ボリューム満点のパフェに感動!

パフェ・オ・フレーズ 2090円
食感や風味の違うイチゴを満喫できる30cmのビッグパフェ（季節により内容の変更あり）

すべての商品にチョコレートを使用

フルーツのパフェ 1300円〜
ミルクのグラニテやフルーツソースなど、自然の甘さをいかす（季節パフェの一例）

ショコラオランジュ 1393円
みずみずしく爽やかなフルーツと濃厚チョコの素敵なマリアージュ。カカオ70%

D 渋谷

夜パフェ専門店《よるぱふぇせんもんてん》 Parfaiteria beL《ぱふぇてりあ べる》

☎03-6427-8538
MAP P113A2

札幌の“夜パフェ文化”を東京で味わえる。 DATA▶ 住渋谷区道玄坂1-7-10 新大宗ソシアルビル3階 交JR渋谷駅から徒歩2分 時17〜24時（金曜、祝前日は〜25時。土曜は15〜翌1時。日曜、祝日は15〜24時。LOは閉店30分前） 休無休

カウンター席 あり

C 仙川

CAFE VANNIER《かふぇ うぁにえーる》

☎非公開 MAP P103A2

オーナーが厳選したフルーツをふんだんに使ったパフェは、こだわりコーヒーとの相性もバツグン。 ※パフェ販売のない月もあります。

DATA▶ 住調布市仙川町1-16-27 新川ビル2階 交京王線仙川駅から徒歩3分 時12〜18時(日によって変動あり。Twitterで要確認） 休火・水曜

カウンター席 あり

B 新宿

SALON BAKE & TEA《さろん べいく あんど てぃー》

☎03-6380-1790
MAP P114C3

大きなグラスにフルーツやアイスクリームが詰まったパフェが評判。 DATA▶ 住新宿区新宿4-1-6 NEWoMan新宿3階 交JR新宿ミライナタワー改札に直結 時11時〜21時30分(土・日曜、祝日は〜21時)。LOは閉店1時間前 休不定休

カウンター席 あり

A 日比谷

Pâtisserie & Café DEL’IMMO《ぱてぃすりー あんど かふぇ でりーも》

☎03-6206-1196
MAP P107A1

ショコラティエ江口和明さんが手がけるスイーツは、カカオの風味を楽しめると評判。

DATA▶ 住千代田区有楽町1-1-3 東京ミッドタウン日比谷地下1階 交地下鉄日比谷線日比谷駅に直結 時11〜23時(22時LO） 休施設に準ずる

カウンター席 あり

Enjoy Tokyo 4

焼きたての香りに誘われて…

本気のパン屋さん おすすめ5軒

素材や製法にこだわり、おいしいパンを焼き上げるお店をご紹介。
イートインOKのお店もあるので、朝食やブランチに焼きたてを味わうのもいいかも!

市ヶ谷

焼きたてが並ぶおしゃれなパン工房

FACTORY《ふぁくとりー》

☎03-5212-8375 MAP P102C2

季節の果物などから起こした天然酵母や国産小麦を使って焼き上げるパンは、常時20種類以上が店頭に並び、選ぶのも楽しい。イートインも可能。DATA 住千代田区九段南3-7-10 交JR・地下鉄各線市ヶ谷駅から徒歩6分 時8～21時(土曜、祝日は～18時) 休日曜

プレーンベーグル 250円

お店で一番人気。週末は400個売れることも

シナモンロール 280円

ナッツとレーズンがごろごろ入り食べごたえ満点

バタークロワッサン 253円

酵母の酸みとバターのバランスが絶妙

代々木公園

自家製種で作るパンはどれも風味豊か

ルヴァン富ヶ谷店《るゔぁんとみがやてん》

☎03-3468-9669 MAP P112D1

ハード系パンが豊富な老舗ベーカリー。自家製種を使ったパンは、麦の風味とほのかな酸みを楽しめる。20種類以上あるパンは、量り売りで買えるのもうれしい。DATA 住渋谷区富ヶ谷2-43-13 交地下鉄千代田線代々木公園駅から徒歩6分 時8時～19時30分(日曜、祝日は～18時) 休月曜、第2火曜、ほか不定休あり

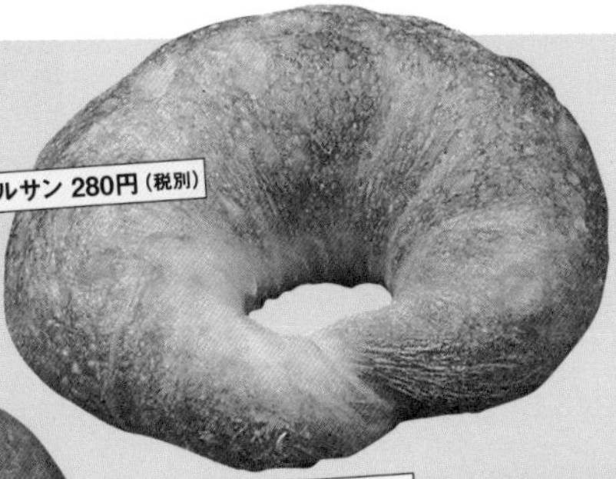

100%=ソンプルサン 280円(税別)

北海道産の小麦粉を使った食事パンはモチモチとした食感が特徴

クロッカンショコラ 380円(税別)

オーガニックチョコを使い、甘さ控えめの大人な味わいに仕上げてある

365日×食ぱん
1斤290円、
半斤155円

しっとり食感としっかりとした甘みが特徴。何もつけなくてもおいしい!

代々木公園

コンパクトサイズの食パンが大人気!

365日 さんびゃくろくじゅうごにち

☎03-6804-7357 MAP P112D1

コの字形のカウンターを中心に、パンが整然と並ぶ様子は、ショコラトリーを思わせる。個性的なパンの洗練された味わいに魅了されるファンが多い。パンは姉妹カフェの「15℃」(→P53)でも提供。 DATA 住渋谷区富ヶ谷1-6-12 交地下鉄千代田線代々木公園駅、小田急線代々木八幡駅から各徒歩2分 時7～19時 休2月29日

茗荷谷

N.Y.仕込みの進化系サンドイッチ

キノーズ・マンハッタン・ニューヨーク

きのーず・まんはったん・にゅーよーく

☎03-6231-5527 MAP P102C1

オーナーがアメリカで食べた味を日本に広めたいとオープンしたサンドイッチ専門店。パストラミをたっぷりはさんだニューヨークスタイルのサンドイッチはボリューム満点!デリバリーも対応。 DATA 住文京区小石川4-21-2 交地下鉄丸ノ内線茗荷谷駅から徒歩6分 時10～14時(土·日曜、祝日11～15時) 休無休

ニューヨークルーベン
2050円

通常の2倍量のパストラミを高級十穀イギリスパンでサンド

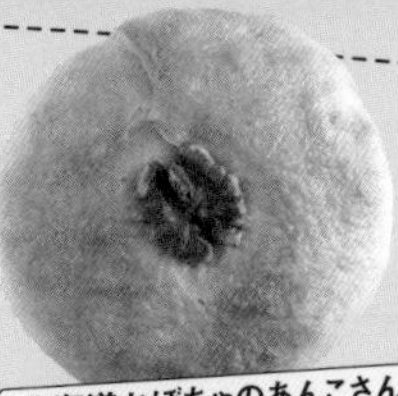

北海道かぼちゃのあんこさん(期間限定) 320円(税別)

期間限定ベーグルは、1～3カ月で商品が変わる

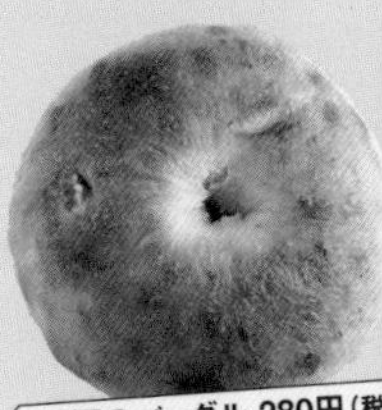

甘酒のベーグル 280円(税別)

自家製甘酒で作る「ゆきシリーズ」の一つ

代々木上原

野菜やフルーツを包み込んだ個性派ベーグル

そらとくもと 東京代々木上原

そらとくもと とうきょうよよぎうえはら

☎080-2050-1220 MAP P112D1

ベーグルは、具材が大きめの「くもシリーズ」と、自家製の酒粕酵母で作った「そらシリーズ」などがある。確実に購入するなら、前日までに予約を。 DATA 住渋谷区上原3-2-3 交小田急線·地下鉄千代田線代々木上原駅から徒歩5分 時金～日曜の9～17時(2020年3月～木曜も営業) 休月～水曜(月曜が祝日の場合は営業)

Enjoy Tokyo

5 ひとりでも行きたい! 人気店のカレー&ラーメン

独自にブレンドしたスパイスが香るカレー、ツウも納得の味にこだわるラーメン店。見た目も味も妥協したくない! という人におすすめのお店はココ!

恵比寿

グルテンフリーのまろやかカレー

SUNNY CAFE《さにー かふぇ》

☎ 03-6450-3029 MAP P14C4

カレールーは小麦粉を使わずにカシューナッツでコクととろみを付け、オリジナルブレンドのスパイスで仕上げてある。ルーを2種類選べる「Half & Half」は1300円。

DATA 住 渋谷区広尾1-6-6 交 JR恵比寿駅から徒歩6分 時 11～23時 休 無休 カウンター席 なし

おすすめの一皿

Spinach（上）/ Butter Chicken（下）各1000円

器も盛り付けもカラフル! ライスは日によって黒米が登場することも

ほんのりスパイシーなチャイ700円と自家製チーズケーキ400円

恵比寿

器とのコントラストもステキ!

GOOD LUCK CURRY《ぐっど らっく かりー》

☎ 非公開 MAP P14C3

店内に入るとスパイスのいい香りが。カレーは肉と魚の2種類（内容は定期的に変わる）で、食材に合わせてブレンドするというスパイスが奥深い味わいを生み出す。

DATA 住 渋谷区東3-21-1 アティモント恵比寿ビル2階 交 JR恵比寿駅から徒歩7分 時 11時30分～16時ごろ（売り切れ次第終了） 休 日曜 カウンター席 なし

おすすめの一皿

あいがけカレーw 1300円

写真は「花山椒と豚肉のキーマカレー」と「サバとモッツァレラのトマトカレー」

人気の一杯

ベジソバ 880円

季節の野菜たっぷりでとってもヘルシー。豆乳を使ったスープはクリーミー

東京駅

コレ1杯で250gの野菜が!

ソラノイロ・NIPPON

そらのいろ・にっぽん

☎ 03-3211-7555 MAP P74

人気店がひしめく東京駅ラーメンストリートにあり、卵や乳製品など動物性の素材を使わず作るヴィーガンラーメンが人気。女性一人でも入りやすい雰囲気がうれしい。 DATA 住 千代田区丸の内1-9-1 交 JR東京駅八重洲地下街 東京ラーメンストリート内 時 8時30分～22時30分LO 休 無休 カウンター席 あり

人気の一杯

鶏清湯《とりちんたん》 青 900円

青い海や空をイメージしたスープは味わい深い鶏ガラベース

渋谷

青く澄んだスープが斬新すぎる!

吉法師

きっぽうし

☎ 03-6712-7285 MAP P113B3

「掃湯（さおたん）」という技法で作る真っ青なスープがSNSで話題に。鶏だしの効いたスープにコシのある細麺がよく絡む一杯は、見た目とのギャップも楽しんで！ DATA 住 渋谷区神南1-11-5 ダイネス壱番館渋谷102 交 JR渋谷駅から徒歩7分 時 11時30分～15時、18時～21時30分LO 休 水曜 カウンター席 あり

キレイで美味なギャップ萌え♪

人気の一杯

ラーメン 750円

旨みたっぷりで「普通の最高峰」を目指したラーメン。ワンタントッピングはプラス170円

御茶の水

シンプル・イズ・ベスト!な一杯

ラーメン大至

らーめんだいし

☎ 03-3813-1080 MAP P102C2

ラーメンの王道といえる醤油ラーメンは、シンプルながらラーメン通も納得の実力派。チャーシュー、メンマ、なると、玉子など、おなじみのトッピング。 DATA 住 文京区湯島2-1-2 1階 交 JR御茶ノ水駅から徒歩6分 時 11～15時、17時～20時45分LO 休 土曜の夜、日曜、祝日 カウンター席 あり

小高い丘にベンチがある西郷山公園

代官山

外壁の大きなTマークが目印

C 代官山T-SITE

だいかんやま てぃーさいと

☎店舗により異なる MAP P15C1

代官山 蔦屋書店（→P24）を中心に、レストラン、カフェなどが集合する複合施設。それぞれのショップは緑あふれる散歩道で結ばれているので、そぞろ歩きも楽しい。

コーヒーを片手に書店でひと休み

晴れた日はテラス席が心地よい

代官山

花と緑いっぱいの散策路をお散歩

B LOG ROAD DAIKANYAMA

ろぐ ろーど だいかんやま

☎店舗により異なる MAP P15C2

東急東横線の線路跡地に造られた商業施設で、アジア初上陸のスニーカーストアや生活雑貨、おしゃれなベーカリー＆コーヒースタンドが集う。敷地には散策路も整備されている。DATA 住渋谷区代官山町13-1 交東急東横線代官山駅から徒歩4分 時休店舗により異なる

アメリカ橋公園ポートはここ

木々の緑が心地よい恵比寿ガーデンプレイス周辺

Enjoy Tokyo 6

恵比寿〜代官山〜中目黒を気ままにサイクリング♪

シェアサイクルで街めぐり

街あるきには、1回登録をすれば、すぐに電動アシスト自転車を利用できる便利なシェアサイクルもおすすめ。

サイクルポートで自由にレンタル

シェアサイクル

東京都内にサイクルポートが急増中のシェアサイクル。サイクルポートに停めてある電動アシスト自転車をレンタルできるシステムで、一度、会員登録(無料)をすれば、乗りたいときにICカードやパスコードを使って、即レンタルOK。初乗り30分150円、以降は30分ごとに100円の延長料金がかかる。会員登録の方法やサイクルポートの情報など、詳細は各公式サイトで確認しよう。

こちらを利用しました!

ドコモ・バイクシェア

☎0120-116-819

DATA 料30分150円(以降30分ごとに100円)、1日パス1500円(コンビニ・1日パス販売サイト・無人販売機で購入した場合) 時休24時間

URL https://docomo-cycle.jp/

JR恵比寿駅東口 START!

M02-03 サイカパーク 恵比寿ポート(2F)

↓自転車5分

A 恵比寿ガーデンプレイス

↓自転車10分

B LOG ROAD DAIKANYAMA

↓自転車5分

C 代官山T-SITE

↓自転車5分

D 目黒川沿い

↓自転車5分

J1-06 観音橋自転車置場ポート

↓徒歩3分

E 中目黒高架下

↓徒歩すぐ

東急東横線 中目黒駅 GOAL!

How to use

1 まずは利用の手続きを

公式サイトやアプリから会員登録をする。

このトップページが目印

2 ICカードかパスコードで解錠

自転車操作パネルにICカードをかざすか、パスコードを入力して解錠。ハンドルの電源を押す。事前にブレーキや充電残量チェックを忘れずに!

3 自転車を返却する

利用後は指定サイクルポートに停めて施錠。自転車操作パネルのENTERを押し〈返却〉と表示されメールが届いたら返却完了!

※上記の支払いはクレジットカードまたはドコモ払い

中目黒

桜や新緑の下をそぞろ歩きしたい

D 目黒川沿い

めぐろがわぞい

MAP P15B1

桜の名所として知られる目黒川沿い。見ごろを迎える3月中旬～4月上旬は川沿いの道が大混雑するので、自転車を停めて歩いて楽しもう。 DATA →P27

中目黒

新しい文化の発信地

E 中目黒高架下

なかめぐろこうかした

☎店舗により異なる MAP P15B1

自転車を返却したら、スターバックスコーヒーや蔦屋書店などが軒を連ねる中目黒駅の高架下へ。

恵比寿

恵比寿のランドマーク的存在

A 恵比寿ガーデンプレイス

えびすがーでんぷれいす

☎店舗により異なる MAP P15A4

デパートや映画館、美術館、ホテル、約50のカフェやレストランなどからなる複合施設。展望レストランフロアからの景色は一見の価値あり。映画やドラマのロケ地としても有名。 DATA 住渋谷区恵比寿4-20 交JR恵比寿駅から徒歩5分 料時休施設により異なる

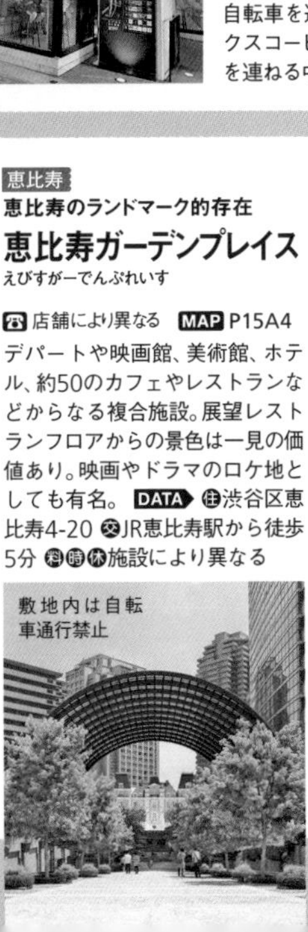

Enjoy Tokyo 7

ひとりでずっと眺めていたい…

Tokyo展望&夜景スポット

街歩きも楽しいけれど、大都会を一望する絶景スポットでは、ひとり、時間が経つのも忘れてしまいそう。ソロタビの一日を素敵な夜景で締めくくるのも◎。

信号が変わるときがシャッターチャンス!

渋谷

スクランブル交差点を見下ろして一枚

MAGNET by SHIBUYA 109 CROSSING VIEW

まぐねっと ばい しぶや いちまるきゅう くろっしんぐ びゅー

☎03-3477-5111(代) MAP P113B3

商業施設の屋上にある展望スペース。SNS映えすると大人気の渋谷スクランブル交差点全体を撮影できる。夜の街並みも絵になりそう。DATA 住 渋谷区神南1-23-10 交 JR渋谷駅から徒歩1分 料 入場600円(「ASIATO」の入場を含む) 時 11時～最終入場22時30分 休 不定休(雨天時は閉鎖の場合あり)

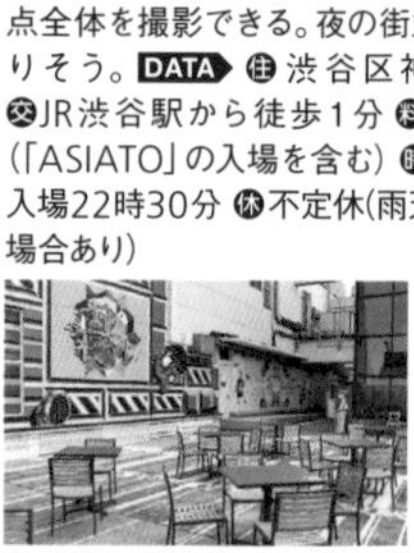

屋上には無料で利用できる休憩スペースもある

六本木

大都会Tokyoを実感できる!

六本木ヒルズ展望台 東京シティビュー

ろっぽんぎひるずてんぼうだい とうきょうしてぃびゅー

☎03-6406-6652 MAP P109A4

東京タワーや新宿副都心のビル群、東京ベイブリッジなどを見渡せる展望台。天気のいい日は、オープンエアのスカイデッキを利用するのもおすすめ。

DATA ㊟港区六本木6-10-1 六本木ヒルズ森タワー52階 ㊋地下鉄日比谷線六本木駅から徒歩3分 ㊕1800円(スカイデッキ追加500円) ㊐10時～最終入館22時30分(金・土曜、祝前日は最終入館24時)、スカイデッキは11時～最終入場19時30分 ㊡不定休

新宿

地上202mから東京をぐるり一望

東京都庁 展望室

とうきょうとちょう てんぼうしつ

☎03-5320-7890(展望室専用案内) MAP P115A3

世界的建築家・丹下健三氏が設計した東京都庁第一本庁舎。45階にある2つの展望室からは、東京の主要ランドマークを見渡せる。DATA ㊟新宿区西新宿2-8-1 ㊋地下鉄大江戸線都庁前駅から徒歩1分 ㊕見学無料 ㊐南展望室:9時30分～23時、北展望室:9時30分～17時30分(入室は閉室30分前まで) ㊡都庁舎点検日、南展望室:第1・3火曜、北展望室:第2・4月曜(いずれも祝日の場合は翌日)

丸の内

東京駅丸の内駅舎を眺めるベストスポット

屋上庭園「KITTEガーデン」

おくじょうていえん「きってがーでん」

☎03-3216-2811 MAP P105B3
(10～19時 KITTEインフォメーションセンター)

約1500㎡の広大な面積を有する屋上庭園は、観光名所として名高い東京駅丸の内駅舎と東京駅を発着する鉄道を一望できる好スポット。夜の東京駅丸の内駅舎も美しい。

DATA ㊟千代田区丸の内2-7-2 KITTE6階 ㊋JR東京駅から徒歩1分 ㊕見学無料 ㊐11～23時(日曜、祝日は～22時) ㊡法定点検日、ほか荒天時閉鎖の場合あり

2号館2階バルコニー。
夕暮れ時も素敵

ソロさんぽで見つける!
SNS映えスポット@横浜

ひとりで気ままに歩けるからこそ見つかる素敵な景色。
ベイエリアや中華街、レトロな街並みなど、
お気に入りの写真をSNSで発信しちゃいましょう!

横浜赤レンガ倉庫

よこはまあかれんがそうこ MAP P118D4・P19①

約100年前に建てられた2棟の建物は、葉たばこや羊毛などの輸入品を貯蔵した倉庫。現在はショップやレストラン、ギャラリーなどが入る。 DATA➡P84

カラフルな街並みは、どこを切り取っても絵になりそう

横浜中華街

よこはまちゅうかがい

MAP P120C3・P19②

種類豊富な中華街グルメは、ソロタビでも気軽に利用できるお店がたくさんあるのがうれしい。食べ歩きグルメやかわいくてお手ごろ価格の中国雑貨も要チェック。
DATA➡P85・86・88

MARINE & WALK YOKOHAMA

まりん あんど うぉーく よこはま

MAP P118D3・P19③

みなとみらい地区にあるオープンモールには、おしゃれなショップが集結。レンガの壁に描かれたエンジェルウィングス(天使の羽)の前で撮影してSNSにアップしよう。ジャンプするとよりリアルに撮れそう。DATA➡P84

このときだけは写真撮影をお願いしちゃいましょう!

バラの名所としても知られ、春と秋の2回楽しめる

山下公園
やましたこうえん　MAP P120C1・P19④

横浜港沿いに広がる公園。園内に点在する銅像や日本郵船氷川丸、横浜ベイブリッジなど、横浜らしい景色を楽しみながら散策できる。DATA➡P85

馬車道十番館
ばしゃみちじゅうばんかん

MAP P121A2・P19⑤

街歩きの休憩スポットで訪れたい洋館を利用したおしゃれなカフェ。建物の歴史を感じるアンティーク家具に囲まれて、くつろぎのティータイムを。DATA➡P90・92

ちょっぴりレトロなステンドグラスに注目！

「くじらのせなか」からは横浜ベイブリッジも見える

横浜港大さん橋 国際客船ターミナル
よこはまこうおおさんばし こくさいきゃくせんたーみなる

MAP P118D4・P19⑥

世界各国のクルーズ船が寄港する国内最大級の客船ターミナル。無料開放されている屋上デッキ「くじらのせなか」からの眺めはバツグン！ DATA➡P84

やりたいこと、全部かなえる！

東京&横浜 1泊2日 モデルプラン

東京と横浜の人気スポットを
2日間でめぐる”いいとこ取り”プラン。
東京は見どころが多いので、テーマを決めてめぐるのも、
ソロタビらしい楽しみ方。

DAY1

東京ソロさんぽの一日は、交通の要衝・東京駅からスタート!

新幹線をはじめ、JRや地下鉄が複数乗り入れている東京駅は、どこへ行くにも便利なロケーション。地下鉄はお得な1日乗車券を購入しておくと、乗り換えもスムーズに。

高さ634m!
遊べるスポットも
いっぱい

9:30 東京スカイツリー®から街を一望

まずは東京駅から電車を乗り継いで、東京を代表するランドマークへ。2つある展望台からパノラマビューを堪能しましょう。
☎0570-55-0634（東京スカイツリーコールセンター） MAP P116D3
住墨田区押上1-1-2 交東武スカイツリーラインとうきょうスカイツリー駅、または各線押上駅からすぐ 料当日券（休日料金）は天望デッキ（350m）2300円、天望回廊（450m）1100円、セット券3400円※料金詳細はHPで確認を 時8～22時展望台最終入場は天望デッキ21時、天望回廊21時20分 休無休

東武
スカイツリー
ラインで3分の
浅草へ

11:00 浅草・仲見世通りをぶらり散策

江戸時代から続く仲見世通り（➡P64）は、今や外国人に大人気。時間があれば、ものづくりの街・蔵前（➡P66）へ。

地下鉄で
約20分の
銀座へ

憧れの名店で
ランチ♥

13:00 銀座の老舗レストランでランチ

銀座では混み合う時間帯を避けて入店。多くの人に愛されてきた老舗の味をゆっくりと（➡P32）。再開発で新しい施設が続々登場している日本橋界隈もおすすめ。

地下鉄で
15分の
渋谷へ

15:30 渋谷の”映える”スポットで一枚!

東京らしい景色を探して渋谷へ移動。スクランブル交差点（➡P16）は、昼間も夜も人でいっぱい。写真が撮れたら、SNSで発信！

JRまたは
地下鉄で
3分の原宿へ

Enjoy!

18:00 ミュージックバーでオトナの夜を

夜は予約を入れておいたミュージックバー（➡P46）へ。おいしいお酒と食事、迫力満点のパフォーマンスを楽しみましょう。

東京ステイは快適なホテル（➡P78）でスタイルもロケーションも自由自在♪

DAY2

海景色と異国情緒漂う街並みを探しに横浜へ

2日目は横浜でソロ歩き。目の前に海が広がる開放感と、レトロな建物が点在する街並みは、東京とはまた違った魅力がいっぱい。素敵な一日になりそう！

10:00 フォトジェニックなスポットが満載のみなとみらい地区へ

2日目は、横浜駅からみなとみらい線（➡P125）で1駅のみなとみらい駅（またはJR桜木町駅）へ。駅前にそびえる横浜ランドマークタワーや港町の歴史を伝える横浜赤レンガ倉庫など、絵になる景色を探しながら散策しましょう（➡P 18・84）。

横浜赤レンガ倉庫から周遊バス「あかいくつ」で10分の横浜中華街へ

横浜中華街にはおいしいものがいっぱい♪

12:30 ランチは横浜中華街の人気店で

いい景色を探して歩き回ったら、お腹がすいちゃった！そんなときは迷わず横浜中華街へ。飲茶も気になるけれど、今日はお店自慢の一品料理をチョイス（➡P 86）。

徒歩15分または「あかいくつ」で3分の元町へ

14:30 山手では洋館を利用した素敵なティールームへ

かつて外国人居留地があった横浜には、当時の様子を伝える建物が点在。元町から山手エリアでは洋館めぐりの合間に、おしゃれなカフェでティータイム（➡P90）を。

徒歩10分

Nice View!

16:30 山下公園で海風を感じてリラックス

海沿いに続く山下公園（➡P85）では、のんびり散策したり、ベンチに座って海を眺めたり。横浜駅方面へ戻るなら、「シーバス」（➡P85・125）を利用して海上から横浜の街を眺めるのもおすすめ。

便利な乗車券＆乗り物で移動もスマートに

シーバス

（➡P85・125）

JR横浜駅東口と山下公園を結ぶ水上バスで、みなとみらい地区と横浜赤レンガ倉庫（ピア赤レンガ）を経由する。後部デッキや大きな窓から景色を楽しもう。

観光スポット周遊バス「あかいくつ」

（➡P83・85）

JR桜木町駅を起点に、2ルート運行。1乗車220円、1日乗車券500円～。横浜のおもな見どころを回るので、車窓観光もおすすめ。路線バス「ピアライン」（➡P83）も便利。

JR・地下鉄の1日乗車券

（➡P124）

JRや地下鉄はICカードで乗車できるが、各社で販売している1日乗車券を利用するのも一案。何度も乗り降りをするならお得で、さらに乗車券を提示すると施設の入場料が割引になるといった特典が付いたものも。目的に合わせて利用してみよう。

まずは予習

東京《とうきょう》

エリア＆プロフィール

個性豊かな街が集まる東京は、エリアによってまったく異なる顔を見せてくれる。
観光スポットは、おもにJR山手線を中心とした7エリア。
最新のファッションが楽しめる渋谷、表参道、老舗が点在する銀座、下町の雰囲気が残る浅草など。
それぞれのエリアの特徴を押さえて、自分のスタイルで楽しもう。

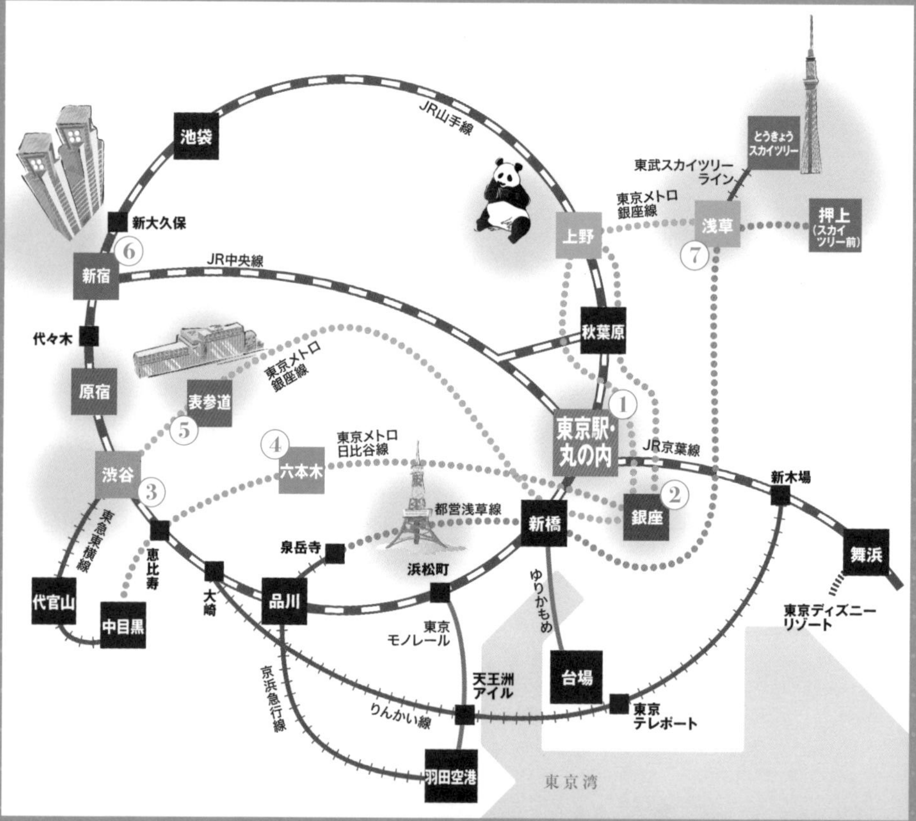

Pick up Area

① 東京駅・丸の内《とうきょうえき・まるのうち》

駅ナカが充実、赤レンガのターミナル駅

東京駅は、駅ナカ、駅ソトに飲食店やみやげ物店が充実。丸の内エリアには、大正・昭和期の貴重な建物が残り、オフィスのほかハイセンスな商業施設が立ち並ぶ。

Beautiful

ソロタビにおすすめ

- 東京駅グルメ ➡P73
- 東京みやげ ➡P74

② 銀座《ぎんざ》

進化する
ラグジュアリータウン

デパートや国内外のハイブランドが集まる、日本を代表するショッピングエリア。長く愛される老舗や有名スイーツショップも多いので要チェック。

ソロタビにおすすめ

- 銀座のランドマークショップ ➡P30
- あこがれグルメ&カフェ ➡P32

③ 渋谷・代官山・恵比寿《しぶや・だいかんやま・えびす》

流行発信の中心地

渋谷ストリームやSHIBUYA 109などの商業施設が立ち並ぶエリア。ひと足のばして、代官山や中目黒、恵比寿を散策するのもいい。

ソロタビにおすすめ

- シェアサイクル ➡P14
- 代官山 蔦屋書店 ➡P24
- 中目黒のステキなお店 ➡P26
- モーニングカフェ ➡P52

④ 六本木《ろっぽんぎ》

国際色豊かなアートタウン

六本木ヒルズや東京ミッドタウンには、アパレルショップや飲食店が集まる。国立新美術館などのアート施設も多い。

ソロタビにおすすめ

- 展望&スポット夜景 ➡P16

⑤ 原宿・表参道《はらじゅく・おもてさんどう》

トレンドに敏感な
ホットプレイス

近年、海外で話題のお店が続々オープンしているエリア。ファッションの街だけあって、洗練されたファッションアイテムや雑貨を扱う店が豊富。

ソロタビにおすすめ

- ショップクルーズ ➡P28

⑥ 新宿・新大久保《しんじゅく・しんおおくぼ》

全国各地から高速バスが発着する新宿駅南口のバスタ新宿

エネルギッシュな繁華街

駅周辺にデパートやファッションビルが集まる。新宿末廣亭などエンタメスポットも充実している。一駅隣の新大久保は、韓流ブームを牽引するコリアンタウン。フォトジェニックなグルメやスイーツがあふれている。

ソロタビにおすすめ

- 新大久保のコリアンタウン ➡P58

⑦ 浅草・上野《あさくさ・うえの》

見どころ満載のレトロタウン

浅草寺を中心に活気あふれる商店街が広がる浅草。上野には、美術館や博物館、動物園などの文化施設が集まる。

ソロタビにおすすめ

- 上野の芸術文化施設 ➡P60
- 浅草の仲見世通り ➡P64

1

Cool!

おしゃれな街でゆったり過ごす

代官山 蔦屋書店で大人の休日

旬な ソロ活

2

旧山手通りに面した
「代官山 蔦屋書店」は、
代官山のランドマーク的な存在。
お気に入りの本を見つけたら、
カフェに立ち寄ってひと休みしよう。

ソロタビ Point

代官山T-SITEの人気スポットは午前中がねらい目

「代官山 蔦屋書店」には本を読みながらくつろげるカフェが併設されていて、とても人気がある。平日、休日とも午前中が比較的空いているので、早めに出かけよう。

一日中楽しめる次世代型ブックストア

代官山 蔦屋書店

だいかんやま つたやしょてん

☎03-3770-2525 MAP P14C1

1～3号館で構成された店内は、世界中の雑誌が並ぶマガジンストリート、アートや旅、料理をはじめとする専門書コーナー、映像フロアなどに分かれている。カフェやラウンジも併設。

DATA 住渋谷区猿楽町17-5 交東急東横線代官山駅から徒歩5分 時1階：7時～翌2時、2階：9時～翌2時 休無休

3

4

1「T」の文字で構成されたファザードが印象的 2 店内やテラスには椅子、テーブルを配している 3 蔦屋書店は「代官山T-SITE」の核となる施設 4 さまざまなジャンルが揃う本のパラダイスだ

5

6

8

7

5「Anjin」の革張りのソファやカウンター席でくつろぎたい 6 自然光が降り注ぐアットホームな「Session:」のラウンジ 7「Anjin」のランチのナポリタン1400円（ドリンク付き） 8 ラテアートもかわいい「Anjin」のカプチーノ900円

おいしい食事と本とアートを楽しむ

Anjin

あんじん

☎03-3770-1900

雑誌のバックナンバーとアートに囲まれた空間で食事ができる。軽井沢の「丸山珈琲」のコーヒーやワイン、名作に登場するカクテルを再現したメニューも。DATA ㊟代官山 蔦屋書店2号館2階 ㊋11時～翌2時 カウンター席 あり

音楽好きが集まるラウンジ

Session:

せっしょん

2019年6月、リニューアルした音楽フロアにトークやライブイベントを行うラウンジが登場。閲覧用の音楽雑誌のバックナンバーも多数揃っている。DATA ㊟代官山 蔦屋書店3号館2階 ㊋9時～翌2時 カウンター席 あり

本を片手にコーヒーブレイク

スターバックス コーヒー 代官山 蔦屋書店

すたーばっくす こーひー だいかんやま つたやしょてん

☎03-3770-6363 MAP P14C1

1階の書籍を読みながら、高品質の豆で抽出したエスプレッソなどを味わえる。購入したドリンクは、店内に持ち込みが可能（2号館2階、Anjinは除く）。

DATA ㊟代官山 蔦屋書店内1階 ㊋7時～翌2時 カウンター席 あり

ゆったりくつろげる「Book & Café」スタイルの店

旬な
ソロ活

目黒川沿いをのんびり
中目黒のステキなお店めぐり

目黒川の周辺におしゃれなカフェやセレクトショップが点在する中目黒は、大人の街歩きにぴったり。日本初上陸のスターバックス リザーブ®ロースタリー 東京は新たな名所だ。

ソロタビPoint

目黒川沿いをゆっくり散策

上質な生活雑貨やテーブルウエアの店など、ひとりでじっくり買い物したくなる店が点在している。カフェでドリンクをテイクアウトし、自然豊かな目黒川周辺を散策するのもいい。

1大きな窓から、季節とともに変化する目黒川を眺められる 2パン、サラダ、ドリンクが付く日替わりランチ1100円～

カジュアルフレンチに舌鼓

HUIT nakameguro

ゆいっと なかめぐろ

☎03-3760-8898 MAP P27Ⓑ

木の温もりを感じる店内でゆったりくつろげる、目黒川沿いのカフェレストラン。リーズナブルな日替わりランチや季節のタルトがおすすめ。

DATA ㊟目黒区中目黒1-10-23 リバーサイドテラス1階 ㊋東急東横線・地下鉄日比谷線中目黒駅から徒歩5分 ㊛11時45分～24時（日曜、祝日は～22時）㊡無休 カウンター席 なし

バリスタとの会話も楽しみ

スターバックス リザーブ® ロースタリー 東京

すたーばっくす りざーぶ ろーすたりー とうきょう

☎03-6417-0202 MAP P27Ⓐ

日本初、世界で5店舗目のロースタリー。店内には巨大な焙煎機があり、稀少性の高い各国のコーヒーをはじめ、この店の限定メニューも楽しめる。2階はティー、3階はお酒も提供するバー。 DATA ㊟目黒区青葉台2-19-23 ㊋東急東横線・地下鉄日比谷線中目黒駅から徒歩14分 ㊛7～23時（イートインは～22時30分LO）㊡不定休 カウンター席 あり

1オレンジとシナモンが香るアメリカーノ コン クレマ 864円 2外観モチーフの限定トートバッグ3300円 3外観は隈研吾氏がデザイン。夜はライトアップされ幻想的

Cute!

1明るい店内にところ狭しと器が並ぶ 2伝統工芸士・金指勝悦氏の一点物の箱根寄木細工の一輪挿し各4730円～

長く愛用したくなる雑貨を販売

MIGRATORY

みぐらとりー

☎03-6303-3272 MAP P27Ⓒ

日本の伝統工芸品や器などを中心に、国内外の生活雑貨やファッションアイテムを販売。素材やディテールにこだわる、大人の女性ためのセレクトショップだ。 DATA ㊟目黒区上目黒2-44-10 ㊋東急東横線・地下鉄日比谷線中目黒駅から徒歩5分 ㊍12～20時（土・日曜、祝日は～21時）㊡火曜

1ガラス張りの店内は、明るく落ち着いた大人の雰囲気 2「心満たされる豊かな日常」がテーマ。揃えて使いたい

テーブルウエアの魅力を体感できる直営店

KINTO STORE Tokyo

きんとー すとあ とうきょう

☎03-3464-1912 MAP P27Ⓓ

フランスのテーブルウエアブランドで、世界2店舗目の直営店。シンプルなデザインの上質なアイテムを取り扱う。手にすればその使い心地のよさがわかる。

DATA ㊟目黒区青葉台1-19-12 ㊋東急東横線・地下鉄日比谷線中目黒駅から徒歩6分 ㊍12～19時 ㊡無休

＼ココもCHECK!／

目黒川の桜

めぐろがわのさくら

☎03-5722-6850
（めぐろ観光まちづくり協会）

MAP P27（目黒川）

約3.8kmの川沿いに、約800本の桜が咲き誇る。フォトジェニックな花のトンネルは一見の価値あり。

DATA ㊋東急東横線・地下鉄日比谷線中目黒駅から最寄りの日の出橋まで徒歩1分 ㊍㊡散策自由

1桜の見ごろは3月下旬～4月上旬
2宿山橋周辺に花見客が多く訪れる

Beautiful

1 ラフォーレ原宿（P111B2）は最新ファッションの発信地 2 ケヤキ並木沿いは多くの人で賑わう 3 4 表参道のランドマーク的存在、表参道ヒルズ（P111B3）。ショッピングや食事を楽しもう 5 吹抜けになっている表参道ヒルズの大階段 6 鏡張りのエントランスが特徴的な東急プラザ表参道原宿

旬な ソロ活

ちょっと路地へ入って
表参道の「ウラ」をショップクルーズ

表参道の魅力はハイブランドだけじゃない。商業施設内や路地裏にはおしゃれな雑貨店やくつろげるカフェがあるので散策してみよう。

ソロタビ Point

人通りの少ない路地は穴場！

表参道から一本入れば、落ち着いて買い物できるエリアが広がっている。プレゼント選びに最適な洗練されたセレクトショップはもちろん、意外とプチプラ雑貨の店も見つかる。

最先端で独創的なデザインの雑貨

MoMA Design Store 表参道

もま でざいん すとあ おもてさんどう

☎03-5468-5801 MAP P111B3

ニューヨーク近代美術館（MoMA）のミュージアムストア。MoMAのキュレーターが厳選した2000点以上のアクセサリーや雑貨などが揃う。500円以下のアイテムはおみやげに◎。

DATA (住)渋谷区神宮前5-10-1 GYRE3階 (交)地下鉄千代田線・副都心線明治神宮前駅から徒歩4分 (時)11～20時 (休)GYREに準ずる

1 白を基調とした店内 2 カラフルな「マルチ」と「レッド」も人気 3 形の違う3つのドットモチーフがかわいい 4 奈良美智氏の作品が描かれたスケッチブックMoMAとのコラボで誕生したアイテム

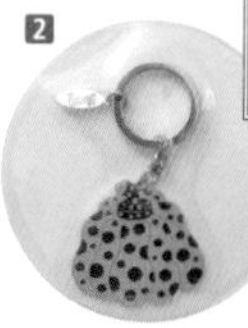

草間彌生：キーリング 南瓜 イエロー 3080円

草間彌生：キーリング ドットオブセッション ピンク 3080円

MoMA 奈良美智 スケッチブック 1320円

パリのカラフルな雑貨などを販売

ギャラリー・ドゥー・ディマンシュ

ぎゃらりー・どぅー・でぃまんしゅ

☎03-3408-5120 MAP P110C2

フランスを中心に、国内外のアーティストの作品を展示・販売するギャラリー兼セレクトショップ。インテリアやアクセサリーなど日常を彩るアイテムに囲まれ、パリジェンヌ気分を味わえそう。DATA 住渋谷区神宮前3-5-6 交地下鉄銀座線・半蔵門線・千代田線表参道駅から徒歩5分 時12時〜19時30分 休月曜

1ナタリー・レテの作品（左上）などを販売2パリの街角で見かけるようなギャラリーショップ

手ごろにかわいく部屋をアップデート

AWESOME STORE 原宿・表参道店

おーさむすとあ はらじゅく・おもてさんどうてん

☎03-6450-6021 MAP P111B3

オリジナルのライフスタイル雑貨やフードを販売。高品質ながら、中心価格は200〜400円とプチプライス。ポップなデザインのアイテムが5000種ほども揃い、つい集めたくなる。DATA 住渋谷区神宮前5-8-7 IIDAビル1階・地下1階 交地下鉄銀座線・半蔵門線・千代田線表参道駅から徒歩3分 時11〜20時 休無休

1入口は地下1階にある2ガレージ風の店内3ビール缶デザインのウエットティッシュ209円4水なしで汚れを落とせるキッチンスポンジ5個セット165円

日本人好みのもっちり食感のパン

パンとエスプレッソと

ぱんとえすぷれっそと

☎03-5410-2040 MAP P110C2

本格的なコーヒーと焼きたてパンを楽しめる。看板メニューは15時から提供されるフレンチトースト。毎日食べても飽きないと評判の食パン・ムーを使用している。DATA 住渋谷区神宮前3-4-9 交地下鉄銀座線・半蔵門線・千代田線表参道駅から徒歩7分 時8〜20時（食事は〜19時ＬＯ、ドリンクは〜19時30分ＬＯ）休不定休

カウンター席 あり

1大人気の鉄板フレンチトースト800円
2陽気がいい日はテラス席もおすすめ

1アメリカ西海岸風の店内
2卵白だけで作る、ホワイトエッグオムレツ メキシカンサルサ＆アボカド1925円

「畑の伝道師」渡邉明氏が厳選した野菜を堪能

Mr.FARMER 表参道本店

みすたーふぁーまー おもてさんどうほんてん

☎03-5413-4215 MAP P111B3

全国約100軒の契約農家から直送される野菜を使用したメニューを提供。手作りのドレッシングがかかる、ボリュームたっぷりのサラダが人気。DATA 住渋谷区神宮前4-5-12 交地下鉄銀座線・半蔵門線・千代田線表参道駅から徒歩4分 時9〜20時 休無休 カウンター席 あり

銀座最大級の複合商業施設

GINZA SIX

ぎんざ しっくす

☎03-6891-3390 MAP P107B3

国内外の一流ブランドや、飲食店など約240店舗が集結。約4000㎡の屋上庭園は都会の中で緑を感じられる憩いの場だ。地下にある観世能楽堂では、伝統芸能を鑑賞できる。DATA 住中央区銀座6-10-1 交地下鉄各線銀座駅から徒歩2分 時10時30分～20時30分（レストランは11～23時、一部店舗により異なる） 休不定休

1駅から近く、中央通りに面している 2銀座最大の屋上庭園は360度ガラス張りで銀座の街を一望できる

東京の顔の一つ、銀座・日本橋の 旬なソロ活

ランドマーク&フラッグシップショップ

ソロタビPoint

有名企業の新業態に注目

「フラッグシップショップ（旗艦店）」とは、大型店舗や情報発信地としての役割を担う店舗のこと。おなじみの「ロフト」や「無印良品」の新たな一面をのぞいてみては。

銀座・日本橋エリアは、大型複合商業施設や旗艦店のオープンラッシュが続いている。ますます賑わう商業の中心地へ繰り出そう。

ロフトのフラッグシップショップ

銀座ロフト

ぎんざろふと

☎03-3562-6210 MAP P106C1

銀座店限定商品など7万点の商品を販売。「食×雑貨」がコンセプトの1階には、ロフト初のカフェも。ワークショップ(要予約)なども行っている。 DATA 住中央区銀座2-4-6 銀座ベルビア館1～6階 交地下鉄有楽町線銀座一丁目駅から徒歩1分 時11～21時 休不定休(ベルビア館に準じる)

1頭がお椀になっていて、汁ものも楽しめる2表紙がふわふわで、つい昼寝しちゃいそう3 1粒ずつカプセルに入った梅干し。全部で12種類ある4 1～6階が店舗だ

Cute!

こけし二段弁当
まねきねこ 1760円

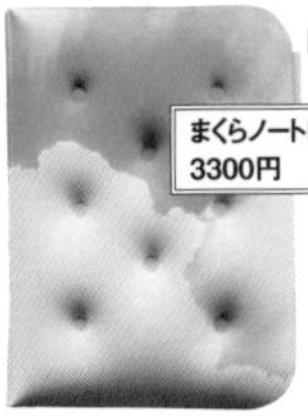

まくらノートM
3300円

ウメボシカルタ
1個400円～

12019年4月に開業232種類のレシピからその場でブレンドしてくれる茶葉30g 540円～3オリジナルの茶筒を作れる

世界へ発信する大型旗艦店

無印良品 銀座

むじるしりょうひん ぎんざ

☎03-3538-1311 MAP P106C1

衣服や生活雑貨のほか、ベーカリーや日替り弁当の販売も。「素の食」がテーマの「MUJI Diner」ではサラダバーや豆腐を使った料理などを提供。ホテル(➡P80)もある。 DATA 住中央区銀座3-3-5 交地下鉄各線銀座駅、有楽町線銀座一丁目駅から徒歩3分 時10～21時(1階は7時30分～、MUJI Dinerは7時30分～21時LO) 休不定休

新都市型ショッピングセンター

日本橋髙島屋S.C.

にほんばしたかしまや しょっぴんぐせんたー

☎03-3211-4111 MAP P104C3

2018年9月、本館をはじめとする既存の店舗に115の専門店が入る新館を加えた4館体制となった。新館には平日7時30分から営業する店もあり、早朝から利用できる。 DATA 住中央区日本橋2-4-1ほか 交地下鉄各線日本橋駅直結 時10時30分～19時30分(新館は～20時、いずれも店舗により異なる) 休不定休(髙島屋資料館TOKYOは月・火曜)

1重要文化財に指定されている本館2ギャラリー ル シックは上質で洗練された商品が揃う

2019年9月にオープンした複合商業施設。書店や雑貨店、飲食店が多く入る「誠品生活」が日本初出店。ほかに関東初出店、新業態店舗など31店舗が入る。

＼ココもCHECK!／

COREDO室町テラス

これど むろまちてらす

☎03-3242-0010(日本橋案内所)

MAP P104C1

DATA 住中央区日本橋室町3-2-1 交地下鉄各線三越前駅、JR新日本橋駅直結 時10～21時(レストランは11～23時、一部店舗は異なる) 休不定休

文豪も足繁く通った
老舗の洋食屋さん

煉瓦亭
れんがてい

☎03-3561-3882 MAP P106C1
明治28年（1895）に創業、オムライスやカキフライなど洋食メニュー発祥の店として知られる。ポークカツレツは、文豪・池波正太郎が1日に3皿もたいらげたそう。
DATA ㊟中央区銀座3-5-16 ㊡地下鉄銀座線・丸ノ内線・日比谷線銀座駅から徒歩3分 ㊎11時15分～14時15分LO、16時40分～20時30分LO（土曜は～20時LO） ㊡日曜 カウンター席 なし

Delicious!

あこがれメニュー
ポークカツレツ 1700円
生パン粉を使った衣はサクサクの食感。とんかつの元祖ともいわれている

こちらもぜひ♥

1温かみを感じるレトロなたたずまい。客席は地下1階から3階まである 2明治33年（1900）発祥のオムライスが復活。明治誕生オムライス2100円

一度は行きたい! 旬なソロ活

銀座・日本橋 あこがれグルメ&カフェ

一度は足を運びたい名店が多いのは、明治時代から流行の発信地だったこのエリアならでは。伝統の味や雰囲気を、じっくりひとりで堪能しましょ。

ソロタビPoint
ピーク時間はなるべく避けて
どれも名店とあってピーク時はかなり混み合う。洋食店はオープン直後が、カフェはお昼前や閉店近くの時間帯なら、比較的ゆったり過ごせる。

モボ・モガの時代から愛される
エレガントなカフェ

資生堂パーラー 銀座本店 サロン・ド・カフェ
しせいどうぱーらー ぎんざほんてん さろん・ど・かふぇ

☎03-5537-6231（3階） MAP P107B3
☎03-5537-6241（4・5階）
明治35年（1902）の創業当時の味からトレンドを取り入れた一皿まで、メニューは豊富。11階建てのビルは2019年11月に改装を終え、新装オープンした。4、5階にはレストランもある。 DATA ㊟中央区銀座8-8-3 東京銀座資生堂ビル3階 ㊡地下鉄銀座線・丸ノ内線・日比谷線銀座駅から徒歩7分 ㊎11～21時（日曜・祝日は～20時） ㊡月曜（祝日の場合は営業）
カウンター席 なし

ストロベリーパフェ
1800円

12019年11月にリニューアルし、華やかでより快適な空間になった 2創業当時の味わいを守る伝統のバニラアイスクリームと新鮮なイチゴがたっぷりの王道パフェ

グレードの高い2階の店内。カジュアルな1階は料理のお値段も少しお安め

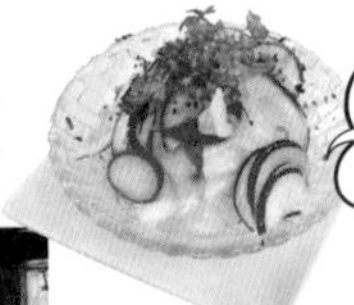

オムライスとセットでオーダーする人が多いコールスロー 700円

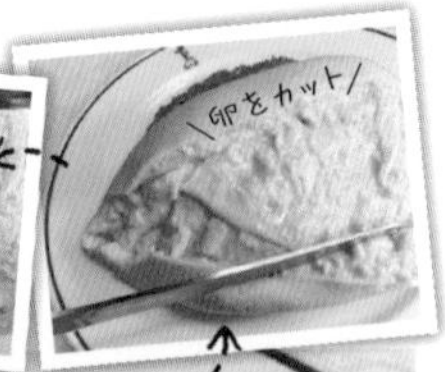

あこがれメニュー
タンポポオムライス
2200円(2階の料金)
卵の風味を生かすためシンプルな食材で仕上げている。プルンとした見た目も魅力的

映画にも登場した名物タンポポオムライス

たいめいけん

たいめいけん

☎03-3271-2465(代) MAP P104C2

テレビで有名な茂出木浩司シェフが3代目を務める。看板メニューのオムライスをはじめ、カレーやシチューも人気。 DATA ㊟中央区日本橋1-12-10 ㊛地下鉄銀座線・東西線日本橋駅から1分 ㊕11時〜20時30分LO(日曜・祝日は〜20時LO) ㊡月曜(祝日の場合は翌平日) カウンター席 なし

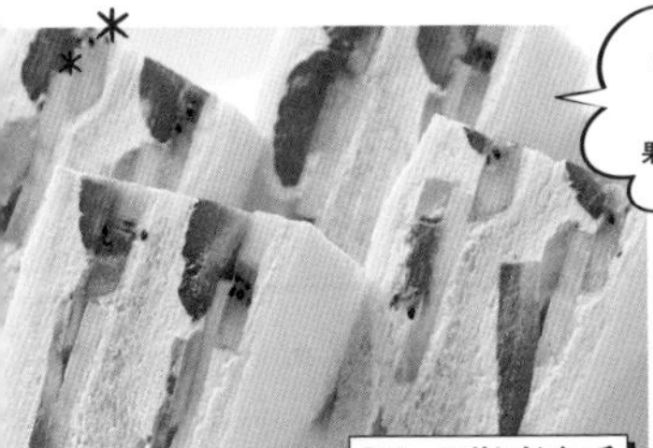

フルーツサンドイッチ
1485円(イートイン)

少し塩気のあるパンと甘さ控えめのホイップクリームが果物の甘さを引き立てる

1 4種類の新鮮な果物をたっぷりはさみ、軽い口あたりが特徴 2 パティシエの技を間近に見られるカウンター席もある

高品質なフルーツたっぷりの極上スイーツを

千疋屋総本店 日本橋本店 フルーツパーラー

せんびきやそうほんてん にほんばしほんてん ふるーつぱーらー

☎03-3241-1630 MAP P104C1

天保5年(1834)、初代の弁蔵が果物や野菜を売る店を構えたことが始まり。2階のフルーツパーラーでは、選りすぐりの果物をふんだんに使ったデザートが味わえる。 DATA ㊟中央区日本橋室町2-1-2 日本橋三井タワー2階 ㊛地下鉄銀座線・半蔵門線三越前駅からすぐ ㊕11時〜20時30分LO ㊡無休 カウンター席 あり

日本にブラジルコーヒーを広めた有名店

カフェーパウリスタ銀座

かふぇーぱうりすたぎんざ

☎03-3572-6160 MAP P107B3

芥川龍之介やジョン・レノン&オノ・ヨーコ夫妻も通った、明治44年(1911)創業の喫茶店。農薬不使用の「森のコーヒー」は豊かな香りが特徴。 DATA ㊟中央区銀座8-9 長崎センタービル1階 ㊛地下鉄銀座線・丸ノ内線・日比谷線銀座駅から徒歩7分 ㊕8時30分〜21時30分(日曜は11時30分〜20時) ㊡無休 カウンター席 あり

ロレーヌとコーヒーセット
1080円

1 懐かしさを感じさせる店構え 2 食べごたえのあるアメリカンクラブサンドイッチ 1180円 3 キッシュロレーヌにサラダ、コーヒーが付く。コーヒーは「森のコーヒー」か「パウリスタオールド」をチョイスできる

手ぶらでOK！いつでも気軽に楽しめる

人気の皇居ランに挑戦！

新しい東京の楽しみ方として人気の高い皇居ラン。
皇居一周で約5kmと初心者にも走りやすい距離で、
アップダウンがほぼないため、
自分のペースでランニングを楽しめるのが魅力。

1

ソロタビPoint

ランニングステーションを活用しよう

通称「ランステ」では、シューズなどのランニング用品のレンタルをはじめ、シャワーやロッカーを備えている。初めてでも簡単に利用でき、手ぶらで皇居ランを楽しめる。

サービス料金表

【レンタル】
- バスタオル、シューズ …… 各150円

※何かレンタルした場合、
シューズは無料
- Tシャツ・ハーフパンツ…… 各250円
- ロングタイツ・スポーツブラ ………… 各250円
- 手ぶらセット（バスタオル・シューズ・Tシャツ・ハーフパンツ）……… 650円

※数・サイズには限りがある

【パーソナルレッスン】
90分　1万2000円～

2

3

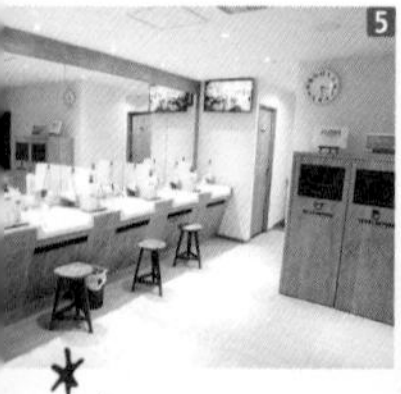

5

4

日比谷　**初心者から本格派まで大満足のランステ**

Raffine Running Style Neo

らふぃね らんにんぐ すたいる ねお

☎03-6205-4858　MAP P107A1

初心者から、大会出場を目指す本格的なランナーまで人気のランニングステーション。実業団に所属していたプロのアドバイスを受けられるパーソナルレッスンも魅力。DATA▶ 住千代田区有楽町1-1-2 東京ミッドタウン日比谷 駐輪場奥 交地下鉄日比谷駅に直結 料施設利用800円（レンタル用品代は別） 時7～23時（最終受付は21時）（土・日曜、祝日は～20時。最終受付は19時） 休東京ミッドタウン日比谷に準ずる

1 コース終盤、半蔵門から桜田濠に沿って下り坂。桜田門を望むビューポイント 2 東京ミッドタウン日比谷の地下駐輪場への階段を降りると店舗入口 3 皇居ランのルートマップが描かれた店舗エントランス 4 最新モデルから、自分のランニングスタイルに合ったシューズが選べる 5 ランニング後は、アメニティの揃ったパウダールームとシャワーブースで汗を流そう

＼ オリンピックを体感できる施設 ／

大井町 オリンピック種目を体験!

スポル品川大井町

すぽるしながわおおいまち

☎03-3775-1827 MAP P103B3

約2万4000㎡の広大なスペースを誇る、複合スポーツエンタメスポット。東京2020オリンピックの公式種目であるサーフィンやアーチェリーを含む、8種のスポーツが体験できる。DATA 住品川区広町2-1-19 交JR大井町駅から徒歩5分 料入場無料（施設利用料は別途）時7～23時（日曜、祝日は～21時。施設により異なる）休無休

1 人工波でいつでもサーフィンができる。用具やスーツはレンタル可能 2 レンタルシューズも用意されており、手ぶらで立ち寄り体験できる

千駄ヶ谷 メイン会場がついに完成!

国立競技場

こくりつきょうぎじょう

明治神宮外苑側から望むスタジアム

MAP P103B2

隈研吾氏らの共同企業体が手がけた、東京2020オリンピック・パラリンピックのメイン会場。開・閉会式をはじめ、陸上競技やサッカーなどの会場となる。47都道府県すべての木材が使われている。DATA 住新宿区霞ヶ丘町10-1 交JR信濃町駅・千駄ヶ谷駅から徒歩5分、地下鉄国立競技場駅から徒歩1分 料時休周辺散策自由

千駄ヶ谷 オリンピックの歴史を学び、アスリートのすごさを体感

日本オリンピックミュージアム

にほんおりんぴっくみゅーじあむ

☎03-6910-5561 MAP P110C1

オリンピックの歴史や歩みを映像や貴重な資料で多角的に紹介。1階の無料ゾーンでは、東京2020オリンピック・パラリンピックの聖火トーチを見られる。入賞メダルなどを展示する2階の有料ゾーンも必見。DATA 住新宿区霞ヶ丘町4-2 交地下鉄外苑前駅から徒歩5分 料入館500円 時10時～16時30分最終入館 休月曜※2020東京オリンピック・パラリンピック開催期間前後の開館状況は公式HPで確認を。

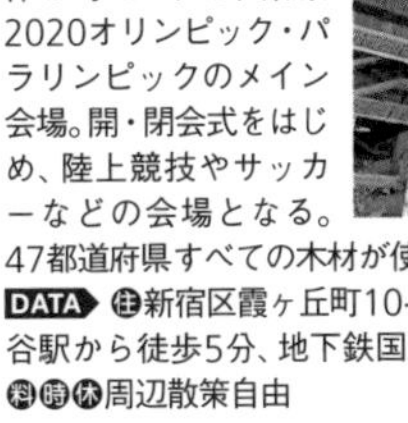

Photo：PHOTO KISHIMOTO / JOC

Running Course Guide

皇居前広場で、準備運動をしてから走り始めよう。反時計回りで走ることがルール。歩行者の邪魔にならないように注意して走ろう

「行幸（みゆき）通り」からは、美しい銀杏並木と東京駅丸の内駅舎を右手に眺めながら走ろう

竹橋駅あたりから千鳥ヶ淵まではダラダラ続く登り坂。マイペースで走ろう

Elegant

ソロあそび 江戸を感じる

ひとりで気軽に芸術鑑賞

昔から庶民に親しまれてきた歌舞伎や
古典芸能に触れ、お江戸気分を満喫。
ひとりだからこそ、心おきなくその世界に没頭できそう。

ソロタビPoint

上演時間や演者をチェック

歌舞伎、寄席ともに開演時間が決まっているので、演者とともにホームページなどで事前に確認を。どちらも席数に限りがあるので、少し早めに到着できるよう予定を組んでおこう。

「歌舞伎茶屋」の
隈取キューブ
1080円(3個)

お弁当処「やぐら」の
はなみち弁当
2000円

「一心堂本舗」の
歌舞伎フェイスパック
2包入り 900円

1 通常の座席は1・2等席、3階A・B席、桟敷席からなる　2 1階正面玄関の左側にある売り場で一幕見席のチケットが購入できる　3 4階の一幕見席から舞台を見る。一幕見席へは専用の入口から入る　4 第五期歌舞伎座は、歌舞伎座とオフィスビルが融合した造り

東銀座のランドマーク的存在

GINZA KABUKIZA

ぎんざ かぶきざ

☎03-3545-6800 MAP P106C3

通年で歌舞伎公演を行う専門劇場。古典歌舞伎、舞踊、新作歌舞伎などが上演される。雰囲気を味わってみたい人には、一幕だけ見られる一幕見席(当日販売のみ)がおすすめ。 DATA 住中央区銀座4-12-15 交地下鉄日比谷線・浅草線 東銀座駅すぐ 料公演により異なる。一幕見席は演目によるが約500～2000円(当日券のみ) 時休公演・施設により異なる

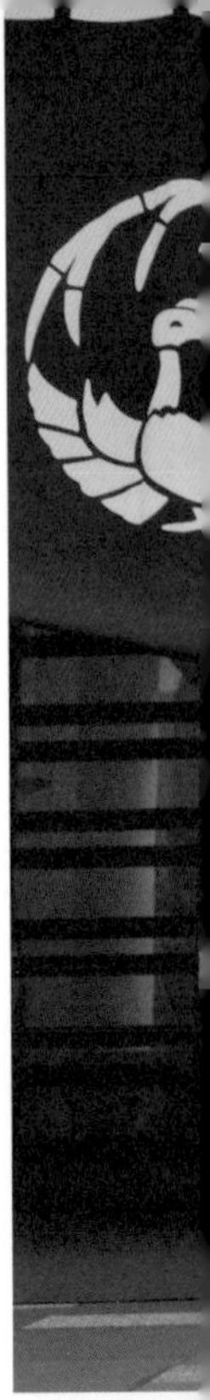

扇子 1500円

提灯 1500円

千社札(5枚) 2000円

伝統的な雰囲気を
楽しむならここへ

新宿末廣亭
しんじゅくすえひろてい

☎03-3351-2974 MAP P114C2

都内に4軒ある落語定席の一つで、昭和21年（1946）に建てられた当時の木造建築が残る。1階は椅子席と畳敷きの桟敷席。昼と夜の2部制で、各18組ほどの演芸を見ることができる。 DATA▶ 住新宿区新宿3-6-12 交地下鉄丸ノ内線・副都心線・都営新宿線新宿三丁目駅から徒歩1分 料入場3000円 時昼の部12時～16時30分、夜の部17～21時（入場は11時40分～19時45分に可能、入替なし） 休無休

1 客席と高座が近くて臨場感たっぷり　2 寄席文字で書かれた出演者の名前がズラリ　3 場内のいたるところで昔ながらの雰囲気が感じられる

ソロあそび

ひとりだからこそどっぷりひたれる

都市型エンタメで非日常体験

東京には最新テクノロジーを駆使した話題のエンタメスポットも目白押し!
日常では触れることのない異空間に身をゆだねて、ワクワク、ドキドキを味わって!

ソロタビPoint

チケットは事前購入がオススメ

どの施設も当日券の購入を販売しているが、日によってはチケットカウンターに長蛇の列ができてしまうことも。ゆとりをもって鑑賞するためにも、チケットは事前に購入しておこう。

GALLERY PLANETARIA
ぎゃらりー ぷらねたりあ
時10時30分～21時30分

cafe Planetaria
かふぇ ぷらねたりあ
時10時30分～21時30分

1 毎週木・金曜の19時から開催される「Bar PLANETARIA」ではお酒を片手に星空を鑑賞できる。写真撮影も可能だ　2 アクセサリーやお菓子、雑貨など、さまざまな限定グッズを扱うショップ　3「銀河を旅する途中に出会うカフェ」がコンセプト。オリジナルカクテルやフードを販売

星空の美しさに圧倒! 最先端のプラネタリウム

コニカミノルタ プラネタリア TOKYO

こにかみのるた ぷらねたりあ とうきょう　有楽町

☎03-6269-9952 MAP P107B1

アロマの香りに癒やされるプログラムや、アーティストとのコラボ楽曲を立体音響で楽しめるプログラムが人気。一人用の「銀河シート」でリラックスした体勢で全方位の星空を堪能したい。 DATA 住千代田区有楽町2-5-1 有楽町マリオン9階 交地下鉄銀座線・丸ノ内線・日比谷線銀座駅から徒歩1分、JR・地下鉄有楽町線有楽町駅から徒歩3分 料入場無料(各プログラム鑑賞は有料)、プラネタリウム一般シート1600円～、銀河シート(DOME2のみ)シングル2100円～ 時10時30分～22時(最終受付は21時) 休無休

光と音がランプに伝播し、ランプを通って一筋の光となる「呼応するランプの森－ワンストローク」

境界のないアート群による「地図のないミュージアム」

森ビル デジタルアートミュージアム：エプソン チームラボボーダレス

もりびる でじたるあーと みゅーじあむ えぷそん ちーむらぼぼーだれす　お台場

☎03-6368-4292（代） MAP P102C3

1万㎡もの広大な空間に、世界が注目するアート集団・チームラボの作品約60点を展示する。鑑賞者の動きによって変化するアート空間は圧巻。 DATA 住江東区青海1-3-8 お台場パレットタウン2階 交ゆりかもめ青海駅から徒歩4分 料入場3200円 ※1日の入場者数に上限が設けられているため、チケットは事前購入がおすすめ 時10～19時（土・日曜、祝日は～21時） 休第2・4火曜
URL https://borderless.teamlab.art/jp/ ※時期により時間などが変わる場合があるので公式サイトで確認を

人の振る舞いで滝の流れが変化する「人々のための岩に憑依（ひょうい）する滝」

＼ココもCHECK!／

コニカミノルタ プラネタリウム“満天” in Sunshine City　池袋

こにかみのるたぷらねたりうむ “まんてん” いん さんしゃいん してぃ

☎03-3989-3546
MAP P103B1

DATA 住豊島区東池袋3-1-3 サンシャインシティ ワールドインポートマートビル屋上 交地下鉄有楽町線東池袋駅から徒歩10分 料一般シート1500円～ 時11時の回～20時の回（上映時間は季節により変動する場合あり） 休不定休

コニカミノルタ プラネタリウム“天空” in東京スカイツリータウン®　押上

こにかみのるたぷらねたりうむ “てんくう” いん とうきょうすかいつりーたうん

☎03-5610-3043
MAP P116D3

DATA 住墨田区押上1-1-2 東京スカイツリータウンイーストヤード7階 交東武スカイツリーラインとうきょうスカイツリー駅、京成押上線・地下鉄半蔵門線・都営浅草線押上＜スカイツリー＞駅からすぐ 料一般シート1500円～ 時11時の回～21時の回（土・日曜、祝日は10時の回あり。毎正時開始で入替制） 休不定休

1 ビル街を背景にペンギンが行き交う「天空のペンギン」 2 グリーティングタイムには、愛らしいコツメカワウソのおさんぽも見られる 3 南アフリカに暮らすケープペンギン本来の姿を見ることができる「草原のペンギン」

都会の空をペンギンが泳ぐ!

サンシャイン水族館

さんしゃいんすいぞくかん　池袋

☎03-3989-3466 MAP P103B1

“天空のオアシス”をコンセプトに、「天空のペンギン」や「草原のペンギン」などユニークな展示を楽しめる。海中オアシスをイメージした屋内は、癒やしの空間。 DATA 住豊島区東池袋3-1 サンシャインシティ ワールドインポートマートビル屋上 交地下鉄有楽町線東池袋駅から徒歩10分 料入館2200円 時10～21時（秋～冬は～18時）※最終入館は終了1時間前まで 休無休

テレビや映画で見たことのある ソロあそび

東京の名シーンへ

四季折々の名所や人気作品に登場するロケ地など、東京といえば思い浮かぶスポットをピックアップ。いつか見たあのシーンを確かめに行こう。

青山

黄金色に輝くイチョウ並木は秋の風物詩

明治神宮外苑《めいじじんぐうがいえん》

☎なし MAP P110D1

青山通りから聖徳記念絵画館に向かう道の両側に、約300mにわたってイチョウ並木が続く。11月中旬から12月初旬が黄葉の見ごろ。

DATA 住港区北青山1-7 交地下鉄青山一丁目駅から徒歩1分 料時休見学自由

146本ものイチョウが並び、黄金色の街道を作る明治神宮外苑

お台場

名場面の宝庫お台場の代表格

有明北緑道公園《ありあけきたりょくどうこうえん》

☎03-5500-2455
(お台場海浜公園管理事務所)

MAP P102C3

大人気ドラマ『おっさんずラブ』などのロケ地として使われ、一躍話題を集めた公園。夜景も美しい。 DATA 住江東区有明1・2交ゆりかもめお台場海浜公園駅から徒歩9分料時休入園自由

大提灯は高さ約3.9m、幅約3.3m、重さ約700kg

風神雷神が鎮座する下町のシンボル

雷門《かみなりもん》 浅草

☎03-3842-0181(浅草寺) MAP P116C2

通称「浅草観音」。都内最古の寺院といわれており、浅草寺の総門として、多くの観光客を迎える。天慶5年(942)の創建以来、再建を繰り返しながら、浅草の象徴であり続けている。門奥の仲見世通り(→P64)も楽しみ。 DATA 住台東区浅草2-3-1交地下鉄浅草駅から徒歩5分料時休境内自由

西新井

絢爛豪華な喫茶店で役者気分を味わう

シルビア西新井店《しるびあにしあらいてん》

☎03-3840-6111 MAP 右図

日曜劇場など、数々のドラマのロケ地として使用される喫茶店。刺繍や彫刻が施されたソファやシャンデリアが輝く、中世ヨーロッパ風の店内は、とてもゴージャスだ。 DATA 住足立区西新井栄町2-7-5交東武スカイツリーライン西新井駅から徒歩1分時8〜20時休無休 カウンター席 なし

145席分ある広々としたフロア

六本木

東京のイルミネーションといえばここ

六本木けやき坂通り

ろっぽんぎけやきざかどおり

☎03-6406-6000（六本木ヒルズ）

MAP P109B3

六本木ヒルズのメインストリートは、東京タワーのライトアップとともに楽しめる。 DATA 住港区六本木6-10-1 交地下鉄日比谷線六本木駅から徒歩4分 料無料 時点灯時間は17～23時 休無休

点灯は11月上旬～12月25日。幻想的に包まれる

ソロタビPoint

名シーンを楽しむには

ドラマや映画で見たお気に入りのシーン。事前の予習で、現地では同じアングルになるようにして景色を眺めてみて！気分も盛り上がるはず。

江戸時代から親しまれる花見の名所

上野恩賜公園　上野

うえのおんしこうえん

☎03-3828-5644（上野恩賜公園管理所）

MAP P117A2

明治6年（1873）に開園、四季折々の自然に囲まれた上野の観光拠点。夏のハスの花や秋の紅葉も見事。 DATA 住台東区上野公園5-20 交JR上野駅から徒歩2分 料入園無料 時5～23時 休無休

不忍池（しのばずのいけ）ではのんびりボートを漕ぎながら花見ができる　写真提供：台東区

運河に沿った遊歩道はドラマに何度も登場した

オトナもドキドキ ソロあそび

スカイダックで湾岸の名所をクルーズ

効率よく東京の名所をめぐるなら乗車したまま観光できるバスツアーがおすすめ。東京の魅力を知り尽くしたガイドさんが、楽しいトークで見どころを紹介してくれる。

SPLASH!!

豊洲・東京Viewコース

START 東京テレポート駅
1 有明エリア
2 豊洲市場
3 豊洲
4 東雲運河
5 お台場
GOAL 東京テレポート駅

大きくとられた窓からレインボーブリッジなどを一望

チケット売り場のすぐ近くが乗り場。乗車したら2階へ

お台場SKYツーリストインフォメーションでチケット購入

陸路でお台場や豊洲を回った後は、運河へダイブ！

お台場

旬の東京のスポットを水陸両方から観光

水陸両用バス SKY Duck台場

すいりくりょうようばす すかいだっくだいば

☎03-3215-0008（SKY BUS TOKYO） MAP P102C3

台場発は2つのコースがあり、「豊洲・東京View」コースは豊洲市場や東京2020オリンピックの会場など、話題のスポットを回る。 DATA 豊洲・東京Viewコース㊟江東区青海1-2-1（お台場SKYツーリストインフォメーション）㊛りんかい線東京テレポート駅から徒歩1分㊕乗車3500円㊚木～土曜の10時30分～、13時30分～、15時～。所要時間80分㊡日～水曜

まだある

東京乗り物ツアー

バスに乗ったまま2階の高さから東京の街をのんびり観光

おすすめコース

TOKYO パノラマドライブ

東京駅→日比谷公園→霞ヶ関→国会議事堂→虎ノ門ヒルズ→東京タワー→レインボーブリッジ・お台場→豊洲→勝どき橋→築地→歌舞伎座→銀座→東京駅

都内各所

東京のバスツアーならおまかせ!

はとバス

はとばす

☎03-3761-1100　MAP P105B3

黄色の車両で行く、観光バスツアーの王道。昼・夜ともに多彩なコースを揃える。空席があれば当日予約もOK。DATA TOKYOパノラマドライブ住千代田区丸の内1-10-15交 JR東京駅丸の内南口から徒歩1分料乗車1800～2000円時9時30分～19時(1日最大16便運行)、所要1時間休不定休

東京の中心地を約50分でサクッと観光できて便利

おすすめコース

皇居・銀座・丸の内

三菱ビル→皇居→国立近代美術館→イギリス大使館→国立劇場→最高裁判所→国会議事堂→霞ケ関→銀座→三菱ビル

都内各所

情報満載のアナウンスが楽しい

スカイバス東京

すかいばすとうきょう　MAP P105B3

☎03-3215-0008 (SKY BUS TOKYO)

2階建ての真っ赤なオープントップバスで、3コースを運行。車内ではガイドさんのトリビア満載のトークが繰り広げられる。DATA 皇居・銀座・丸の内コース住千代田区丸の内2-5-2三菱ビル1階交JR東京駅丸の内南口から徒歩3分料乗車1600円時10時～、12時～、14時～、16時～、所要50分休 無休(悪天候の場合は運休)

未来から来たような「ホタルナ」は、漫画家・松本零士氏がデザイン

おすすめコース

ホタルナ (浅草・日の出・お台場)

浅草→個性豊かな13の橋をくぐりながら隅田川を下る→日の出桟橋→レインボーブリッジ→フジテレビ→お台場海浜公園

浅草～お台場ほか

海抜0mから景色を楽しみながらのんびり水上散歩

TOKYO CRUISE

とうきょう くるーず

MAP P116C3

隅田川や東京湾でのクルージングが楽しめる。水上から見上げる東京スカイツリー®やレインボーブリッジは圧巻。DATA ホタルナ住台東区花川戸1-1-1(浅草乗船場)交地下鉄浅草駅5番出口から徒歩1分料乗船1720円時10時15分～15時45分休 第3水・木曜(8月以外)※予約・運航状況などの確認は、公式サイトhttps://www.suijobus.co.jp/で

ソロタビPoint

ガイドの東京案内が楽しい

盛り上げ上手な同乗アテンダントのおかげで80分があっという間。旬の情報を提供してくれるので、観光の参考になる。海上ではバスがゆったりと進み、ちょっとした休憩タイムに。

東雲運河を進みながら、水上から豊洲市場を眺めよう

東京スカイツリー®、東京タワーなど名所が続々現れる

有明アリーナ通過後は陸上に上がってゴールを目指す

ひとりだから思い切って ソロあそび

テレビ局に行ってみよう!

東京では、テレビ局や放送局も観光名所の一つ。人気番組の世界観を楽しめる公開エリアやグッズショップをミーハーな気分で回ってみよう。

子犬のラフちゃん
球体ストラップ
1100円

球体クランチチョコ
864円
「はちたま」がモチーフ

お台場

お台場のランドマークに潜入!

フジテレビ本社ビル

ふじてれびほんしゃびる

☎03-5531-1111 MAP P102C3

音響設備などが整う、実際に使用されていた球体内の「めざまスカイ」を見学できる。ドラマなどのテレビ番組の企画展や限定グッズの公式ショップがあり大人も楽しめる。DATA ㊟港区台場2-4-8㊇ゆりかもめ台場駅から徒歩3分㊒入場無料㊐施設・店舗により異なる
※球体展望室は㊒入場700円㊐10～18時（最終入場は17時30分）㊡月曜（祝日の場合は翌日）

1「めざまスカイ」の床を見ると出演者の立ち位置を指定する「バミリ」が残っている 2 番組の限定グッズが揃うフジテレビショップ「フジさん」 3 球体展望室「はちたま」も実はスタジオ。天井に注目 4 1・5・7・25階が見学可能なエリアだ

フジテレビ社員食堂ラーメン
1袋270円
しょうゆとしおの2種

フジテレビに行ってきました
1080円
ひと口サイズのガトーシュー

「はちたま」から臨海副都心を270度見渡せる

ソロタビ**Point**

観光エリアに近い好立地

テレビ局のあるお台場、赤坂、渋谷エリアは周辺に観光スポットが多い。ほとんどの施設が事前予約不要で入場可能なので、観光の合間にふらっと立ち寄るのもいい。

1

2

3

©TBS

TBS放送センターを中心とした施設

赤坂サカス　赤坂

あかさかさかす

MAP P112C2

赤坂の複合エンターテインメント空間。「TBS放送センター」を中心に、シアターやライブ会場、「Sacas広場」などが集結。「TBS STORE」には、赤坂店でしか買えないアイテムも揃い、東京みやげに◎。

DATA ㊟港区赤坂5-3㊋地下鉄赤坂駅直結㊕㊐㊡施設により異なる

4

1 番組関連の展示をする「TBSギャラリー」もある **2** イベント会場として使われることが多い「SACAS広場」。イルミネーションなど、冬のイベントにも注目 **3** 定番人気のBooBo & Boonaぬいぐるみ。S各1512円 **4** TBSのキャラクター「BooBo（ブーブ）」のグッズや、話題のドラマ・映画・アニメなど番組グッズがいっぱい！

4

上質な生演奏に酔いしれる ソロあそび

ミュージックバーで大人のソロ夜活

ソロタビPoint

楽しい夜のために、前もって予約を

基本的には要予約。予算はミュージックチャージ＋飲食代（ワンドリンク～）、店によってはテーブルチャージが必要な場合も。純粋に音楽を楽しみたい1人客も多く、ドレスコードもないので心配はご無用。

世界でもトップクラスのミュージックバーが集まっているという東京。世界レベルの生演奏を聴ける大人の空間で、ステキな夜を過ごしてみては。

Photo by Yuka Yamaji

表参道

極上の音楽とおいしい料理で至福の一夜を

Blue Note Tokyo《ぶるー のーと とうきょう》

☎03-5485-0088 MAP P110C4

NYにある名門ジャズクラブの姉妹店。ジャズをはじめ、国内外の著名アーティストによる生演奏をBGMに、フレンチベースの絶品料理が味わえる。 DATA 住港区南青山6-3-16 交地下鉄各線表参道駅から徒歩8分 料アーティストにより異なる（要予約。ミュージックチャージ＋飲食代が必要） 時17～24時（土・日曜、祝日は15時30分～23時。1日2回公演で入替制。時間はイベントにより変更あり） 休不定休 カウンター席 **なし**

1 世界のトップアーティストたちが出演するステージ
2 どの席からもステージが見やすい配置になっている
3 セット・トリオ6050円
※写真はイメージ

♪ライブ情報♬

平日のショータイムは18時30分と21時～。ミュージックチャージは公演により異なる。（HPで確認を）

有楽町 **40年以上の歴史をもつ老舗ジャズクラブ**

ジャズクラブ 銀座Swing《じゃずくらぶ ぎんざすうぃんぐ》

☎03-3563-3757 MAP P106C1

1976年の創業以来、ジャズ好きに愛され続ける名店。日本人ミュージシャンを中心に、生演奏を間近で楽しめる。上質なジャズを聴きながらお酒を楽しめる大人の空間だ。 DATA 住中央区銀座西2-2 銀座インズ2-2階 交JR・地下鉄有楽町駅から徒歩3分 料ミュージックチャージ（フリー）3800円～（アーティストにより異なる。要予約） 時18～23時（入替なし） 休日曜、祝日（変動あり） カウンター席 **あり**

♪ライブ情報♬

ショータイムは19時～20時20分、21時～22時20分（3公演の場合は時間変更）※入替えなし。ミュージックチャージは3800円～（公演により異なる）

1 息づかいまで聞こえてきそうなライブ感も魅力
2 店内中央ライブステージの目の前がカウンター席
3 伊勢海老料理3300円～が看板メニュー

Performance by Nicole Henry Photo by Y. Yoneda

丸の内

ゴージャスでモダンな大人の社交場

COTTON CLUB

こっとん くらぶ

☎03-3215-1555 MAP P105B4

開催するライブはジャンルを問わず、いずれも世界レベルの実力。最高峰のエンターテインメントと、世界中から集められたワイン、オリジナリティあふれる料理を心ゆくまで堪能したい。 DATA ㊟千代田区丸の内2-7-3 東京ビルTOKIA2階 ㊫東京駅から徒歩2分 ㊮アーティストにより異なる（要予約。ミュージックチャージ＋飲食代が必要） ㊓17～23時（土・日曜、祝日は16時～22時30分） ㊡無休 カウンター席 あり

♪ライブ情報♬

ショータイムは18時30分～と21時～（土・日曜、祝日は17時～と20時～）。ミュージックチャージは5000円～（公演により異なる）

1 ジャズからフォークまで多彩なライブのラインナップ 2 プレミアム・ディナーコース1万890円 ※写真はイメージ 3 重厚感あるインテリアの中で迫力のライブを満喫できる

＼ココもCHECK!／

赤坂見附

絶品料理でお腹を満たして夜の街へ

editor's fav るるぶキッチンAKASAKA

えでぃたーず ふぁぼ るるぶきっちんあかさか

☎03-5544-8786 MAP P109B1

『るるぶ情報版』の編集者たちが取材を通して出合った各地のおいしい料理を味わえる。DATA ㊟港区赤坂3-17-1赤坂バル横丁内 ㊫地下鉄赤坂見附駅から徒歩3分 ㊓17～23時LO（金曜の夜は～翌1時30分LO）、土曜は11時30分～23時LO、日曜・祝日は11時30分～22時LO ㊡無休 カウンター席 あり

だしの旨みが染み込んだ青森県弘前の煮卵518円

♪ライブ情報♬

公演は18時30分～と21時30分～（土・日曜、祝日は16時30分～と19時30分～。公演により変更あり）。ミュージックチャージ4700円～（公演により異なる）

ステージの奥にはきらめく東京の夜景が広がる

2020年4月には、横浜に姉妹店がオープン予定

六本木 音楽と夜景が彩る華やかなライブステージ

Billboard Live TOKYO

びるぼーど らいぶ とうきょう

☎03-3405-1133 MAP P109B3

A5和牛サーロインの炭火焼き100g4300円

音楽ブランド「Billboard」の名を冠する世界標準のクラブ＆レストラン。3層吹き抜けの開放的なフロアは洗練された雰囲気で、カウンターやボックス席などがある。 DATA ㊟港区赤坂9-7-4 東京ミッドタウン ガーデンテラス4階 ㊫地下鉄六本木駅直結 ㊮サービスエリア（自由席/指定席）5700円～、カジュアルエリア（ワンドリンク付きカウンター席）4700円～（要予約） ㊓17時30分～23時（土・日曜、祝日は15時30分～21時30分。公演により変動） ㊡不定休 カウンター席 あり

かわいい授与品がいっぱい!

パワスポのご利益をお持ち帰り

**恋愛成就や健康祈願、金運アップ……。
東京都内にもそんな心願成就のご神徳にあやかれる開運スポットがたくさん。
なかでも観光の途中に立ち寄ってみたい神社とご利益グッズを集めました。**

ソロタビ Point

ひとりのんびり、境内をおさんぽ

静かに自分自身と向き合って神様と対話するなら、やっぱりひとりがいちばん。境内のまわりを歩くだけでも神聖なパワーを感じることができそう。

スズランがゆらめく良縁のお守り

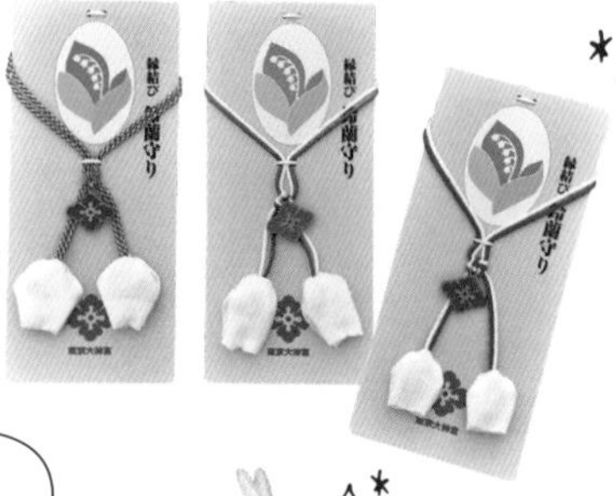

縁結び鈴蘭守
800円…Ⓐ

「幸福が訪れる」という花言葉をもつスズランをかたどったお守り

縁結び幸せ小槌
1000円…Ⓐ

振れば願いごとが叶う「打出の小槌」の根付。2つ合わせると「幸」の文字が重なる。

誰かとペアで持っても!

見た目もかわいい!

勝運や魔除けのご利益ありとか

まさる守(大)600円、
(小)500円…Ⓑ

かわいらしいサルのお守りは社殿前に並ぶ夫婦一対の神猿像がモチーフ

虎ノ門

香川・金刀比羅宮の分霊を祀る

Ⓒ 金刀比羅宮

ことひらぐう

☎03-3501-9355 MAP P108C2

万治3年(1660)に、讃岐国丸亀藩主の京極氏が、故郷にある金刀比羅宮の分霊を祀ったのが始まり。商売繁盛と海上安全の神様・大物主神《おおものぬしのかみ》を祀り、毎年10月10日には「大祭」が行われる。DATA ㊟港区虎ノ門1-2-7 ㊡地下鉄銀座線 虎ノ門駅から徒歩1分 ㊐8時30分~17時30分(社務所は8時30分~17時30分、土・日曜、祝日は9~16時) ㊡無休

先の戦災により焼失し、昭和26年(1951年)に再建された

赤坂

「山王さま」と親しまれる江戸の総鎮守

Ⓑ 日枝神社

ひえじんじゃ

☎03-3581-2471 MAP P108C1

歴代将軍の氏神であり、明治維新後は皇居の守護神に。厄除け、安産、縁結び、商売繁盛、社運隆昌などにご利益があるとされる。6月の山王祭は江戸三大祭、日本三大祭の一つ。DATA ㊟千代田区永田町2-10-5 ㊡地下鉄千代田線赤坂駅、銀座線・南北線 溜池山王駅から徒歩3分 ㊐5~18時(10~3月は6~17時、授与所は9時~16時30分) ㊡無休

小高い丘に立つ朱塗りの社殿は昭和33年(1958)の再建

飯田橋

東京を代表する縁結びの神社

Ⓐ 東京大神宮

とうきょうだいじんぐう

☎03-3262-3566

伊勢神宮のご祭神を祀り「東京のお伊勢さま」と称される。古事記に登場する「造化(ぞうか)の三神」をあわせ祀り、縁結びの神社としても有名。DATA ㊟千代田区富士見2-4-1 ㊡JR・地下鉄東西線・有楽町線・南北線・大江戸線 飯田橋駅から徒歩5分 ㊐6~21時(授与所は8~19時、御朱印受付は9~17時) ㊡無休

日本初の神前結婚式が行われたといわれる神社

当たる!と
巷で評判

縁結びみくじ
200円…E

桜模様のおみくじの中にはさくらんぼの縁起物が♡　見た目もかわいらしい！

美容とスキルアップを
目指す!

美守500円…D

美容のご利益をいただける、女性に大人気な授与品の一つ

神結び1000円…F

御朱印帳の留め具や、ブレスレットで身に付けたりと使い方はいろいろ

招き猫のチャームが
ついてる!

縁結御守
800円…F

丸い形には「丸く円満に物事がおさまるように」との思いが。縁結びにご利益あり♡

良縁、復縁、
婚活に効くかも♪

運命の
赤い糸!?

良縁祈願セット
800円…C

良縁を祈願しながら赤い紐を境内の結神社前に結ぶとご利益があるかも

どのお守りに
しようかな〜

浅草

夫婦の招き猫が神社のシンボル

F 今戸神社《いまどじんじゃ》

☎03-3872-2703　MAP P116C2

日本神話で初めて結婚をしたとされる夫婦の神様を祀る神社で、縁結びにご利益があると有名。招き猫発祥の地の一つともいわれ、境内のいたるところに招き猫が。浅草七福神の一つ。DATA 住台東区今戸1-5-22 交東武スカイツリーライン、地下鉄銀座線・浅草線 浅草駅から徒歩15分 時参拝自由（社務所は9～17時） 休無休

本殿には浅草七福神の福禄寿も祀られている

赤坂

都会に残された江戸情緒漂う社殿

E 赤坂氷川神社《あかさかひかわじんじゃ》

☎03-3583-1935　MAP P109B2

創建1000年以上の歴史をもち、現社殿は8代将軍・徳川吉宗が老中の水野忠之に命じ建立したもの。震災や空襲を逃れ、当時のままの姿で残っている。東京都の重要文化財。DATA 住港区赤坂6-10-12 交地下鉄千代田線 赤坂駅、日比谷線・大江戸線 六本木駅から徒歩8分 時6時～17時30分（御朱印受付は9時～） 休無休

厄除けや家内安全、縁結びなどにご利益があるという

明治神宮前

キレイになって良縁を呼び込もう!

D 穏田神社《おんでんじんじゃ》

☎03-3407-7036　MAP P111A3

原宿や渋谷でのショッピングの合間に立ち寄れる、駅から徒歩圏内の便利な立地。女性にうれしい美容や技芸上達、縁結びの神様として親しまれている。DATA 住渋谷区神宮前5-26-6 交地下鉄千代田線・副都心線 明治神宮前〈原宿〉駅から徒歩7分、JR渋谷駅・原宿駅から徒歩10分 時参拝自由（御朱印受付は10時30分～16時） 休無休

古くから地域の産土神として祀られてきた神社

癒やされカフェ かわいい動物たちに胸キュン♥

アニマルカフェでふわもふ体験

かわいい動物たちと触れ合えるアニマルカフェ。
ひとりなら、お気に入りの子とたっぷり過ごせちゃう。
つぶらな瞳で見つめられると、もうメロメロ!

ソロタビPoint

触れ合いは“アニマルファースト”で!

人に慣れている動物でも、その日の気分や体調によっては「今日はさわってほしくないかも…」という子も。そんなときは静かに眺めて過ごしましょう。

1

2

3

専用グローブの着用がベター

おみやげにハリネズミグッズを!

オリジナルキーホルダー各500円

1番人気! ぬいぐるみ(Sサイズ)1500円

1座布団とちゃぶ台が置かれた和風のドールハウスも 2手のひらにやさしくのせて。ハリは刺激しないように! 3手にのせて写真撮影もOK。ただしフラッシュは厳禁! 4全24席のうち予約は10席まで。土・日曜は予約がおすすめ

4

渋谷

ドールハウスでハリネズミがお出迎え

ちくちくCAFE

ちくちくかふぇ

☎03-6450-6673 MAP P113A4

ハリネズミたちは、毛の色や大きさはさまざまだけど、どの子もキュート。30分コースは、1組(2名まで)1ケージ固定、60分コースはケージの移動が可能。ドリンクはセルフサービス。 DATA 住渋谷区渋谷1-13-5 大協渋谷ビル2階 交JR渋谷駅から徒歩3分 料30分コース1430円~(当日受付のみ)、60分コース2640円 時11~19時 休無休

根津

ことりスタッフを眺めてカフェタイム♪

ことりカフェ 上野本店

ことりかふぇ うえのほんてん

☎03-6427-5115 MAP P117A2

オカメインコやセキセイインコたちを眺めながら、オリジナルのことりスイーツやドリンクを楽しめる。小鳥との触れ合い体験は5分550円〜。鳥をモチーフにした雑貨も充実している。 DATA▶ ㊟台東区上野桜木1-8-6㊇地下鉄千代田線根津駅から徒歩8分㊋11〜19時㊡不定休

1赤いほっぺがかわいいオカメインコ 2小鳥とのもふもふタイムを楽しんで！ 3ことりが描かれたシフォンケーキはドリンクとのセット1320円 4店内はとってもカラフル。鳥たちを間近で見られるテーブルが人気！

原宿

いろいろなフクロウ&鷹に大接近!

フクロウのお庭 原宿店

ふくろうのおにわ はらじゅくてん

☎03-6721-0554 MAP P111B2

もふもふのフクロウや眼光鋭い鷹たちと触れ合える。腕にのせて一緒に写真撮影ができるほか、名前を呼ぶと飛んでくる「鷹匠体験」も楽しめる。予約がベター。

DATA▶ ㊟渋谷区神宮前4-31-5 インガレッソ2階㊇地下鉄千代田線・副都心線明治神宮前〈原宿〉駅から徒歩2分㊕1時間1500円〜、鷹匠体験は2フライト500円㊋10〜19時（祝日を除く火〜木曜は〜18時）㊡無休

1「腕のせOK」などの情報はこちらでチェック 2店内は緑がいっぱい。左側が鷹匠体験のスペース 3小型のフクロウは指でそっとなでてあげよう

原宿

ブタさんのおうちへ遊びに行こう

mipig cafe原宿

まいぴっぐ かふぇ はらじゅく

☎非公開 MAP P111A2

欧米ではペットとして親しまれているマイクロブタと触れ合える。子ブタたちは頭がよくて、きれい好き。とても人懐こくて、ひざによじ登って来ちゃう子も！利用は公式サイトからの完全予約制。飲食物の持ち込み不可。 DATA▶ ㊟渋谷区神宮前1-15-4 バルビゾン76 1階㊇JR原宿駅から徒歩2分㊕30分1100円、以降30分毎に500円（別途ワンドリンク660円〜）㊋10〜20時（完全予約制）㊡不定休

1mipigドーナツ1個825円は原宿店限定！ 2ブタさんケーキ935円。3触れ合いスペースはまるで絵本の世界のよう。プラス500円で30分個室を使える 4ブタさんたちとは床に座って触れ合って

ダッチパンケーキ
生ハムとブッラータ 1705円
メープルシロップをかけるとまた違った味わいに

癒やされカフェ

注目度上昇中の渋谷界隈で

モーニングに行きたいカフェ

上質な素材を使ったこだわりの朝食を提供するカフェをご紹介。充実した一日を過ごすなら、朝のパワーチャージはしっかりと!

代々木公園

おしゃれなビストロで朝から優雅に

PATH

ぱす

1

☎03-6407-0011 MAP P112D1

人気のクロワッサンをはじめ、カウンターにはおいしそうなパンがぎっしり。開店から14時まで朝食やブランチを、夜はお酒とフレンチを楽しめる。ダッチパンケーキは焼き上がるのに30分ほどかかるので時間に余裕をもって。

DATA 住渋谷区富ヶ谷1-44-2 A-Flat1階 交地下鉄千代田線代々木公園駅から徒歩1分 時8～14時LO、18～23時LO 休月曜、第2・4火曜のブレックファースト、第2・4日曜のディナー カウンター席 あり

1パン オ ショコラ374円（テイクアウトは367円）、国産発酵バターを贅沢に使ったクロワッサン319円（テイクアウトは313円）。 2店名は「通り道」の意味。気軽にふらりと立ち寄ってみて

2

ソロタビPoint

カフェで朝活!
1日を有効に使おう

早朝から利用できるカフェで朝食をとれば、1日を有効に使えそう。ゆっくり朝食をとりながら、ソロ歩きの予定をシミュレーションしてみては?

キッチンのライブ感が伝わるカウンターが特等席

パンは小麦の風味豊か

朝ごはん「365日ぱん」 1155円
姉妹ベーカリー３６５日(→P11)の、３種の食パンに自家製サーモン、有精卵の目玉焼き、スープが付く

代々木公園

安心・安全な素材でおいしく仕上げる

15℃

じゅうごど

☎03-6407-0942 MAP P112D1

フレンチフライに添えられた自家製ケチャップをはじめ、ソース類など、体にうれしい安心・安全な素材にこだわっている。ハンバーガーとサンドイッチは11～19時の提供。 DATA 住渋谷区富ヶ谷1-2-8 交地下鉄千代田線代々木公園駅から徒歩3分 時7～23時(22時LO) 休不定休 カウンター席 あり

1とみずく農園のかぼちゃマフィンと西条農園のブルーベリーマフィン各473円 2 15℃バーガー（フレンチフライ付き）1620円。国産牛100％のパテやチリビーンズにヨーグルトソースが絶妙 3シンプルでナチュラルな雰囲気の店

朝食におすすめ！

アボカドトースト
1210円
朝食におすすめの一品。ポーチドエッグをくずしながら味わいたい。ドリンクも付く

渋谷

人気ホテルで絶品モーニングを

Megan - bar & pâtisserie

みーがん ばー あんど ぱてぃすりー

☎03-5962-7648 MAP P103B2

外国人の宿泊客も多い「MUSTARD HOTEL」の朝食スペースは、宿泊者以外も利用ＯＫ！ 8時からパウンドケーキやスコーンも注文できるから、軽めの朝食にも◎。モーニングは11時30分まで利用できる。DATA 住渋谷区東1-29-3渋谷ブリッジB棟 交JR・東急・地下鉄各線渋谷駅から徒歩10分 時8時～23時30分LO（日曜、祝日は8時～16時30分LO） 休無休 カウンター席 あり

ランチ、ディナー、バータイムまで、いろいろ利用でき便利

Stylish!

惣菜パン 1個330円～
できたての食感や香りにこだわった人気のパン。その日の気分でいろいろ選べるのがうれしい

見ているだけでワクワク♪

渋谷

種類豊富な惣菜パンにワクワク

BaKING SHU

べいきんぐ しゅう

©渋谷ストリーム

☎03-6450-6017
MAP P113A3

懐かしさの中に新しさが光る焼きそばパンなど、惣菜パンが多数揃う。サンドする食材も厳選し、最高の組合せで提供。DATA 住渋谷区渋谷3-21-3 渋谷ストリーム2階 交JR・東急線・田園都市線、地下鉄銀座線・半蔵門線・副都心線渋谷駅からすぐ 時9～21時LO（売り切れ次第終了） 休渋谷ストリームに準じる カウンター席 なし

数量限定の人気商品！

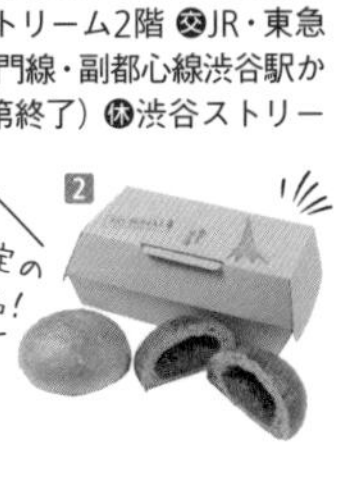

1フランスパンの専門店メゾンカイザーが手がけるお店 2和菓子の老舗・榮太樓本舗とコラボした極上あんぱんセット2個入り648円

癒やされカフェ

自分の一杯を見つける!

こだわりコーヒーが飲みたい!

**散策やショッピングの合間に、
コーヒー豆を焙煎するいい香りに誘われて、
本格的なコーヒーが売りのカフェでひと休み。
自家焙煎や淹れ方にこだわった
美味しいコーヒーでブレイクしましょう。**

ハンドドリップコーヒー 640円
ハンドドリップは9時～18時30分の間で提供している

代々木公園

**浅煎りコーヒーで
優雅に過ごすブレイクタイム**

Fuglen Tokyo

ふぐれん とうきょう

☎03-3481-0884 MAP P112D2

ノルウェー発のコーヒー店。コーヒー豆の持つ個性や長所を引き出すことにこだわり、果実感のあるやわらかな口あたりのコーヒーが楽しめる。フード類の持ち込みは自由。

DATA 住渋谷区富ヶ谷1-16-11 1階 交地下鉄千代田線代々木公園駅から徒歩5分 時月～水曜8～22時、木曜～25時、金・土曜は～26時、日曜～24時 休無休 カウンター席 あり

1常に賑わう人気店だが、店内にはゆったりとした時間が流れる 2白壁が印象的なショップは1963年オープンのオスロ1号店を再現 3自家焙煎のコーヒー豆は200g2000円前後。種類は時季により異なる

ソロタビPoint

**まずは気軽にいろいろな
コーヒーを飲んでみて**

本格的なお店だからといって、コーヒー通でなくても大丈夫。まずはいろいろなコーヒーを味わってみよう。コーヒー豆の種類がたくさんあって迷ったら、お店の人に相談して。

ニューオリンズ 540円
水出しアイスコーヒーにミルクとケーンシュガーを加えたオリジナルドリンク

表参道

日本で最も有名なサードウェーブコーヒー

ブルーボトルコーヒー
青山カフェ

ぶるーぼとるこーひー あおやまかふぇ

☎非公開 MAP P110C3

サードウェーブコーヒーのトレンドを牽引するサンフランシスコ発のコーヒー店。焙煎したてのコーヒーに、この店限定のポーチドエッグトーストや揚げドーナツに似たベニエを。 DATA 住港区南青山3-13-14 交地下鉄銀座線・半蔵門線・千代田線表参道駅から徒歩5分 時8～19時 休無休 カウンター席 あり

1焙煎したてのフレッシュなコーヒー豆が常時6～7種類以上揃う 2店内は明るく開放的

中目黒

自家焙煎のコーヒーをカジュアルに

ONIBUS COFFEE 中目黒店

おにばす こーひー なかめぐろてん

☎03-6412-8683 MAP P15A1

コーヒーの焙煎所兼カフェで、毎日焙煎したてのコーヒーを提供。浅煎りのコーヒーは、産地による味わいの変化が楽しめる。ゆっくり過ごすなら、2階のテーブル席へどうぞ。 DATA 住目黒区上目黒2-14-1 交東急東横線・地下鉄日比谷線中目黒駅から徒歩1分 時9～18時 休不定休

カウンター席 あり

ハンドドリップ HOT 500円
5種類から好きな豆を選べる

1 公園に隣接し、散策のひと休みにぴったり

LATTEST 500円
温かくて冷たい不思議な感覚を楽しんで

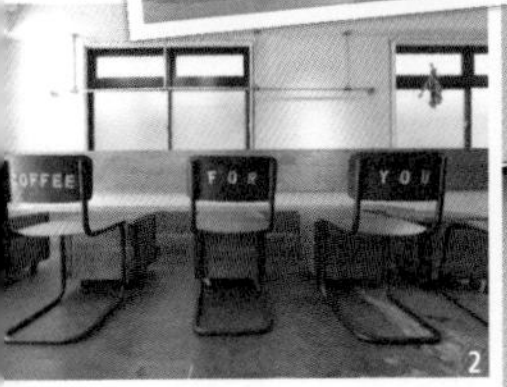

1 ノマドワークに最適な広さと落ち着いた空間 2 Wi-Fiが利用できるのでゆっくりと情報収集も可能

表参道

落ち着いた空間でくつろげるカフェ

LATTEST OMOTESANDO Espresso Bar

らてすと おもてさんどう えすぷれっそ ばー

☎03-3478-6276 MAP P110C2

女性のバリスタを世に送り出すというコンセプトのもと、バリスタは女性のみで親しみやすい雰囲気が魅力。数種類ある芸術的なラテアートにも注目を。Wi-Fiやコンセントの利用OK。 DATA 住渋谷区神宮前3-5-2 交地下鉄銀座線・半蔵門線・千代田線表参道駅から徒歩5分 時10～19時 休無休 カウンター席 あり

Tasty!

明治神宮前

スペシャリストによる極上の一杯

THE ROASTERY BY NOZY COFFEE

ざ ろーすたりー ばい のーじー こーひー

☎03-6450-5755 MAP P111B3

三宿にある人気店「NOZY COFFEE」とのコラボショップ。使うのはシングルオリジンの豆のみで、専門スタッフが気候などを考慮して焙煎した豆を、バリスタが丁寧に淹れてくれる。

DATA 住渋谷区神宮前5-17-13 交地下鉄千代田線・副都心線明治神宮前〈原宿〉駅から徒歩5分 時10～22時（日曜、祝日は～21時） 休不定休 カウンター席 あり

カフェラテ 580円
日替りの豆2種類から選ぶと、好みに合わせて淹れてくれる

1 アイランドカウンターを設置し、会話も楽しめるオープンな空間に 2「NOZY COFFEE」のコーヒー豆や器具の販売も

癒やされカフェ じっくり植物のパワーを浴びる

ボタニカルカフェで潤いチャージ

**鮮やかな花やグリーンがひときわ目を引くボタニカルカフェ。
街なかとは思えないたくさんの植物に囲まれながら、
見た目も麗しいヘルシーな食事を味わい、疲れたココロと体をリセットしましょう。**

ソロタビPoint

ひとりで過ごす優雅な時間

花と緑を眺めているだけで楽しいボタニカルカフェ。飾られている花に季節を感じ、緑あふれる空間でマイナスイオンをたっぷり浴びながら、優雅な時間を過ごそう。

アーチ状に植物を配し、緑に包まれた空間。ガラステーブルの下や壁面など、どこからでもグリーンを感じられる

表参道 **季節の花とグリーンが作り出す贅沢な空間**

Aoyama Flower Market TEA HOUSE 南青山本店

あおやま ふらわー まーけっと てぃー はうす みなみあおやまほんてん

☎03-3400-0887 MAP P110C4

店内には週替わりで季節の花が活けられ、常に植物を感じられる空間づくりがなされている。四季折々の花に囲まれ、ハーブや野菜を使ったこだわりメニューを味わって。 DATA 住港区南青山5-1-2 交地下鉄銀座線・半蔵門線・千代田線表参道駅からすぐ 時11～20時（日曜、祝日は～19時） 休無休 カウンター席 あり

1季節のフラワーフレンチトースト1100円。バゲットをしっとり焼き上げ、フルーツやエディブルフラワーをトッピング 2フラワーショップの奥に温室をイメージした心地よい空間が 3フレッシュハーブティー（リフレッシュブレンド）825円。5種類のハーブが入ったティーでさわやかな気分に

1

2

3

登れるツリーは
まるで木の中の世界！

広尾

ツリーハウスにワクワク

レ・グラン・ザルブル

れ・ぐらん・ざるぶる

☎03-5791-1212 MAP P103B2

店名は仏語で「大きな木」という意味。店の前の大きなタブの木が目印で、料理研究家・関口絢子氏プロデュースの健康や美容に役立つ食材を使ったメニューが好評。

DATA 住港区南麻布5-15-11 3階・屋上 交地下鉄日比谷線広尾駅から徒歩1分 時11～21時（日曜は～19時） 休不定休 カウンター席 なし

1フラワーショップと一体型のカフェ 2おまかせヘルシーデリプレート1350円。成人が一日に必要とされる野菜の約半分を摂取できるそう

千駄ヶ谷

中庭テラスが気持ちいい
非日常を楽しむカフェ

BRENTWOOD TERRACE

ぶれんとうっど てらす

☎03-6434-7686 MAP P103B2

ロサンゼルスの高級住宅街「ブレンドウッド」のライフスタイルがコンセプト。グリーンに囲まれた中庭のテラス席で、さわやかな西海岸の気分を楽しみながら過ごせる。 DATA 住渋谷区千駄ヶ谷1-20-3 交JR千駄ケ谷駅、地下鉄大江戸線国立競技場駅から徒歩2分 時11～22時LO（土・日曜、祝日は10時～） 休無休 カウンター席 なし

グリルチキンをのせた
ファーマーズ
カリフォルニア
サラダ 1400円

1こちらが自慢のテラス席。古材で作られたテーブル＆チェアが配されている 2カリフォルニアイタリアンをベースにした料理は、有機農園でとれた野菜をふんだんに使用 3ブルーを随所にとり入れ、西海岸のビーチをイメージ

ソロタビPoint

コリアンタウンがますますディープに!

第三次韓流ブーム到来で、東京で韓国気分が味わえる新大久保の人気は衰え知らず。駅を出るとそこはまさに韓国。休日は大混雑になるので、平日や早めの時間がおすすめ。

ディープタウン

大久保通りからイケメン通りへ

新大久保のコリアンタウン

K-POPやK-FOODをはじめとする韓国ブームが続くなか、新大久保エリアは韓国発の人気店で大賑わい! 定番から最新まで、街歩きで押さえておきたい注目はこちら♪

ハニーマスタード443円。パンとの相性抜群

さっぱりした酸味のクイーンザクロ茶1箱561円

ジューシーでヘルシーな絶品チキン

A Goobne chicken新大久保店《ぐっねちきん しんおおくぼてん》

☎03-6273-9496 MAP P59

韓国で1000店舗を展開するチキン専門店。オーブンで焼いて余分な油をカットしたヘルシーなチキンが人気。定番のグッネオリジナルをはじめ、濃厚だけど後味の軽いテイストが評判に。 DATA 住新宿区大久保2-32-1 2階 交JR新大久保駅から徒歩2分 時11～24時 休無休 カウンター席 なし

1大久保通りから近いビルの2階。ポップなサインが目印 2UFOフォンデュ(2人前)2838円。チキン×濃厚チーズが◎

まるで韓国! 自家製キムチやお惣菜も大人気

キムチやチャンジャがずらりと並ぶ試食コーナー

B ソウル市場《そうるいちば》

☎03-3208-0979 MAP P59

食材、菓子、調味料からコスメまで、韓国商品がところ狭しと並ぶスーパーマーケット。物菜コーナーでは自家製キムチやキンパ(のり巻き)などが並ぶ。作りたてをテイクアウトできるホットクは、長蛇の列ができる人気ぶり。DATA 住新宿区大久保1-16-15 交JR新大久保駅から徒歩3分 時9～24時 休無休

1清潔感のある店内には敏感肌の人向けコスメも 2肌の悩みに合わせて選べる美容液。各1296円～

肌本来の力を蘇らせる
ドクターズコスメ

C BN Cosmetics《びーえぬ こすめてぃっくす》

☎03-6233-7636 MAP P59

韓国の皮膚科専門医が開発した話題コスメの日本直営1号店。クオリティはもちろん、色鮮やかでスタイリッシュなパッケージにも注目。1回分の小分け商品はおみやげにぴったり。 DATA 住新宿区大久保1-17-3 大久保ガーデンハイム1階 交JR新大久保駅から徒歩8分 時10～20時 休無休

1韓流ショップが立ち並ぶ大久保通り 2週末ともなれば、どの店にも長い行列ができる 3ソウル市場の前はいつも人だかりができている

韓国の定番屋台グルメをテイクアウト

D ジョンノホットク イケメン通り店《じょんのほっとく いけめんどおりてん》

☎03-3232-6680 MAP P59

韓国では屋台でおなじみのホットクと、チーズやソーセージが入ったアメリカンドッグのようなハットグを初めて日本に紹介したお店。どちらもその場で作ってくれる。 DATA 住新宿区大久保1-16-29 ハヤシビル1階 交JR新大久保駅から徒歩7分 時10～21時 休無休

1ナッツが入ったハチミツホットク250円 2新大久保に3店舗を構えている

カラフルでかわいい!
韓国で大人気のカフェ

E HOMIBING《ほみびん》

☎03-6205-5440 MAP P59

写真映えする豪華な見た目と、フルーツ果汁などを凍らせた氷を削るフワフワかき氷が大人気のフォーシーズン・デザート・カフェ。マンゴー、ミルクティー、抹茶などの定番のほか、イチゴやメロンといった季節限定フレーバーも好評。 DATA 住新宿区百人町2-3-20 交JR新大久保駅から徒歩2分 時11～23時LO 休無休 カウンター席 あり

かき氷のほかコーヒーやデザートも揃い一年中楽しめる

緑に囲まれ ひとり時間

ディープタウン

上野の森で芸術と文化に触れる

世界遺産に登録された国立西洋美術館をはじめ、上野恩賜公園には国内最大級のミュージアムが集中。日本屈指のカルチャースポット・上野の森で、のんびり見学と散策を楽しもう。

ソロタビPoint

散策が楽しい自然豊かなエリア

広大な上野恩賜公園は見どころ満載。歩きやすい靴でお出かけしよう。月曜はミュージアムの休館やお休みが多いので、静かな環境で楽しみたい人にはおすすめ。

貴重な文化財が集まる
日本随一のミュージアム

東京国立博物館

とうきょうこくりつはくぶつかん

☎03-5777-8600（ハローダイヤル）
MAP P117A2

明治5年（1872）に開館した日本で最も歴史の長い博物館で、収蔵品は約11万7000件にのぼる。本館を中心に計6つの展示館が点在し、レストランやカフェ、ミュージアムショップも充実。 DATA 住台東区上野公園13-9 交JR上野駅公園口から徒歩10分 料入館620円（特別展は別途） 時9時30分～17時（変動あり） 休月曜（祝日の場合は翌平日）

1コンクリート建築に瓦屋根を配した帝冠様式の本館 2本館エントラスの階段。ドラマのロケ地として登場することも多い 3摩耶夫人が花枝を折ろうとすると釈迦が腋下から誕生、という場面を表している

はにわソックス
（23～25cm）
各440円

重要文化財/摩耶夫人および天人像
飛鳥時代・7世紀

極彩色の彫刻が施された荘厳なお社

上野東照宮

うえのとうしょうぐう

☎03-3822-3455 MAP P117A2

DATA ㊟台東区上野公園9-88 ㊋JR上野駅公園口から徒歩7分 ㊕拝館500円 ㊓9～16時 ㊡無休

寛永4年（1627）に建立され、3代将軍・徳川家光によって造営替えされた神社。徳川家康と吉宗、慶喜を祀る。金色に輝く社殿や唐門、菱格子の透塀などは国指定の重要文化財。

黄金に輝いていてまぶしい～

春には毎年「ぼたん祭」が開かれ、多くの人でにぎわう

不忍池は都会のオアシス

金運のご利益として知られる開運スポット

寛永寺 不忍池辯天堂

かんえいじ しのばずのいけべんてんどう

毎年9月には「巳成金（みなるかね）大祭」が開催される

☎03-3821-4638 MAP P117A3

不忍池の中央に立つ八角形のお堂に、財福や芸能のご利益を授ける辯才天を祀る。天海大僧正が不忍池を琵琶湖に見立てて築き建立した。戦災で焼失したが、昭和33年（1958）に再建された。 DATA ㊟台東区上野公園2-1 ㊋JR上野駅公園口から徒歩5分 ㊕㊓㊡参拝自由

世界遺産に登録された
西洋美術の殿堂

国立西洋美術館

こくりつせいようびじゅつかん

☎03-5777-8600（ハローダイヤル）
MAP P117A2

2016年に東京都初の世界文化遺産に登録された西洋美術専門の美術館。モネやルノワールといった巨匠の作品など、中世末期から20世紀初頭の西洋絵画を常設展で鑑賞できる。

DATA ㊟台東区上野公園7-7 ㊋JR上野駅公園口から徒歩1分 ㊕500円（企画展は別途） ㊓9時30分～17時30分（金・土曜は～20時、入館は閉館30分前まで） ㊡月曜（祝日の場合は翌平日）

ル・コルビュジエ設計の本館は国の重要文化財

©国立西洋美術館

＼ココもCHECK!／

契約農家の旬野菜とハーブ

上野の森 PARK SIDE CAFE

うえののもり ぱーくさいどかふぇ

☎03-5815-8251
MAP P117A2

噴水前公園に隣接したカフェ。“自然空間からの癒し”をテーマに、旬野菜を使ったサンドイッチのほか、契約農家直送のハーブティーなどを提供。

DATA ㊟台東区上野公園8-4 ㊋JR上野駅公園口から徒歩3分 ㊓10～21時（土・日曜、祝日は9時～。フード20時LO、ドリンク20時30分LO） ㊡無休 カウンター席 なし

1 森のガーデンプレート1749円 2 森に溶け込むような立地でテラス席が人気

都会の森にたたずむ
歴史ある料亭

上野の杜 韻松亭

うえののもり いんしょうてい

☎03-3821-8126
MAP P117A2

明治8年（1875）創業の老舗料亭。純和風の店内では、国産大豆100%で作る豆腐ほか豆菜料理を中心に、生麩などを使った上品な懐石料理が味わえる。 DATA ㊟台東区上野公園4-59 ㊋JR上野駅公園口から徒歩3分 ㊓11～15時LO、17時～21時30分LO（祝日の夜は～21時LO） ㊡無休 カウンター席 なし

1 豆腐や湯波など7～8品を盛り込んだ花籠膳 月 2640円 2 季節の移ろいを感じられる

ディープタウン

下町情緒をひとり感じながら 谷根千 谷中・根津・千駄木 のんびりさんぽ

昔懐かしい東京の街並みが残る
谷中・根津・千駄木エリア、谷根千（やねせん）。
徳川家ゆかりの社から趣のある飲食店、
江戸小物の雑貨店などを眺めながら、そぞろ歩きを楽しもう。

なぜかノスタルジーを感じる

ソロタビPoint

じっくり見て回るなら所要3時間

地下鉄千代田線の根津駅からJR日暮里駅へは今回のコースをゆっくり歩いて1時間弱で到着する。ただし、途中で食事やお茶を楽しむのなら、3時間は欲しいところ。

ドラマや映画のロケ地として知られる「夕やけだんだん」。この場所から見る夕焼けは絶景。

START
千代田線 根津駅

徒歩7分

並んでも食べたい名物おやつ

1 根津のたい焼き

ねづのたいやき

たい焼き
1個170円

☎非公開

表面はパリッと、中はしっとりもちもちの皮に、道央産の小豆で作った餡がぎっしり。連日行列ができる人気店で、14時ごろには売り切れることもあるので、早めに足を運ぼう。

DATA 住文京区根津1-23-9-104 交地下鉄根津駅1番出口から徒歩5分 時10時～売り切れ次第閉店 休土・日曜・祝日、不定休

徒歩4分

由緒正しい神社にお参り

2 根津神社

ねづじんじゃ

縁結びのご利益も！

☎03-3822-0753

創建は1900余年前で、宝永3年（1706）にこの地へ遷座した。5代将軍徳川綱吉が、世継ぎが定まった際に現在の社殿を奉建。江戸の神社建築としては最大規模を誇り、国の重要文化財に指定されている。 DATA 住文京区根津1-28-9 交地下鉄根津駅1番出口から徒歩5分 料境内無料 時5～18時（冬期は6～17時）休無休

徒歩18分

大正時代の町家で
くつろぎのカフェタイム

3 カヤバ珈琲

かやばこーひー

たまごサンド
550円

出桁造の町家をそのまま活用したカフェ

☎03-3823-3545

大正5年（1916）に建てられた町家を改装。カフェとしては昭和13年（1938）の創業以来、上野の藝大生にも愛される憩いの場所となっている。梁や家具、2階の座敷は創業時のまま。

DATA 住台東区谷中6-1-29 交JR日暮里駅南口から徒歩10分 時8～18時（金・土曜は～21時）休月曜

歴史ある古民家を再生

4 上野桜木あたり《うえのさくらぎあたり》

☎店舗により異なる

昭和13年（1938）に建てられた3軒の古民家をリノベーションし、周辺の路地も含めた一大くつろぎ空間を創出。敷地内には3つの個性派ショップが入るほか、イベントスペースも備える。 DATA ㊟台東区上野桜木2-15-6あたり ㊚JR日暮里駅南口から徒歩10分 ㊕㊡店舗により異なる

徒歩6分

レトロな板塀と瓦屋根が昭和ムードを醸し出している

オリジナルの招き猫が幸運を呼ぶ

5 招き猫 谷中堂《まねきねこ やなかどう》

☎03-3822-2297

福を呼び寄せる招き猫の専門店には、おみやげに手ごろな手のひらサイズの招き猫がいっぱい。手作りのため一体ずつ表情が異なる。姉妹店のカフェでは招き猫の絵付け体験1620円～（ドリンク&スイーツ付き）もできる。 DATA ㊟東京都台東区谷中5-4-3 ㊚JR日暮里駅南口から徒歩10分 ㊕10時30分～17時30分 ㊡無休（夏季・正月休みあり）

店内には可愛い招き猫がズラリ

徒歩4分

華やかで上質な千代紙の専門店

6 いせ辰 谷中本店《いせたつ やなかほんてん》

☎03-3823-1453

元治元年（1864）創業の江戸千代紙の店。昔ながらの製法で作られた美しい柄の千代紙1枚198円～が、100種類以上も揃う。ブックカバーやランチョンマットとして使用するのもおすすめ。 DATA ㊟台東区谷中2-18-9 ㊚地下鉄千駄木駅1番出口から徒歩4分 ㊕10～18時 ㊡無休

いせ辰 ポチメモ 1980円

小さな千代紙の裏をメモに使える

徒歩3分

徒歩8分

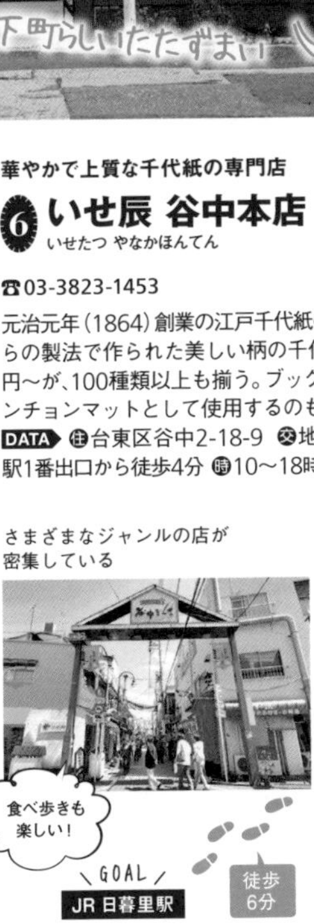

さまざまなジャンルの店が密集している

GOAL
JR 日暮里駅

徒歩6分

人情味にほっとする商店街

7 谷中銀座商店街《やなかぎんざしょうてんがい》

台東区谷中3丁目と西日暮里3丁目にまたがる商店街。約170mの通りに70軒ほどの店が並び、特に夕方から活気にあふれる。「夕やけだんだん」とよばれる階段を上るとJR日暮里駅西口に出る。 DATA ㊚JR日暮里駅西口から徒歩6分 ㊕㊡店舗により異なる

ディープタウン

粋な店が揃う

浅草の仲見世通りをソロ歩き

雷門から続く浅草寺参道の仲見世通りには、老舗のみやげ物店や飲食店がずらりと並んでいる。江戸っ子の心意気を感じながら、のんびり気楽に散策を楽しもう。

ソロタビPoint

仲見世通りは食べ歩き禁止

「食べ歩き」のイメージがある仲見世通りだが、数年前から「食べ歩き禁止」となっている。食べ物を売る店には、その場で食べられるスペースが設けられているので、食べ終わってから他の店を回ろう。

職人技が光るキュートながま口

② Licca(莉花)《りっか》

☎03-3844-0788 MAP P116C3

財布や手さげバッグ、小物入れなど、さまざまな大きさや用途のがま口を揃える、がま口専門店。すべて日本国内の職人・作家によるもので、手作りのオリジナル商品が3割を占める。 DATA 住台東区浅草1-20-4 交地下鉄浅草駅1番出口から徒歩3分 時11～18時 休無休

浅草の仲見世通りから少し外れた場所にある

がま口バッグ
6600円～

季節ごとに柄が変わる帆布のがま口バッグ

肩掛け紐が選べる

持ち扇子 手描き
1本8360円

ぼかし舞扇
1本2420円

職人が丁寧に作る扇子。持ち手が白い竹なら2200円

色とりどりの舞扇

歌舞伎役者御用達

① 荒井文扇堂《あらいぶんせんどう》

☎03-3844-9711 MAP P116C3

明治23年(1890)創業の歴史を誇る扇子やうちわの店。扇子は竹で骨組を作るところから職人の手作業。歌舞伎役者や落語家、舞妓さんも愛用している。 DATA 住台東区浅草1-30-1 交地下鉄浅草駅1番出口から徒歩5分 時10時30分～18時 休毎月20日すぎの月曜

ふろしきバッグ
(70cm以上)
1210円～

江戸の粋を伝える
手ぬぐい&風呂敷

❹ 浅草くるり《あさくさくるり》

☎03-5830-3567 MAP P116C3

300種類以上の手ぬぐいと、さまざまなサイズの風呂敷200種類以上を取り揃え、ハンカチやがま口なども扱う和小物の店。粋な江戸風から現代的な柄まで、思わず目移りしてしまうほど。DATA ㊟台東区浅草2-2-2 ㊛地下鉄浅草駅1番出口から徒歩4分 ㊕9時30分～18時30分 ㊡無休

行列ができる人気グルメ

❺ 浅草九重《あさくさここのえ》

☎03-3841-9386 MAP P116C3

常に揚げたてが味わえるあげまんじゅう専門店。スタンダードなこしあん、抹茶やごまのほか、カスタードなど、全12種類の味がある。
DATA ㊟台東区浅草2-3-1 ㊛地下鉄浅草駅1番出口から徒歩5分 ㊕9時30分～19時頃 ㊡無休

あげまんじゅう
1個130円～

白玉クリームあんみつ
946円

入店したら食券を買って注文するシステム

江戸時代から
浅草を見守る老舗甘味処

❸ 浅草 梅園《あさくさ うめぞの》

☎03-3841-7580 MAP P116C3

安政元年(1854)創業。浅草寺の別院・梅園院の一角で茶屋を開いたことが起源。餅きびとこし餡を合わせたあわぜんざいはこの店の発祥だ。あんみつなど、種類豊富な甘味はテイクアウトすることも可能。DATA ㊟台東区浅草1-31-12 ㊛地下鉄浅草駅1番出口から徒歩3分 ㊕10～20時 ㊡月2回水曜不定休 カウンター席 なし

＼ココもCHECK!／

浅草に着いたらすぐ腹ごしらえ!

editor's fav るるぶキッチン ASAKUSAエキミセ《えでぃたーず ふぁぼ るるぶきっちんあさくさえきみせ》

☎03-6231-7742 MAP P116C3

浅草駅直結の便利なロケーション。さまざまにアレンジした釜めしのほか、日本各地から旬の食材を仕入れたグランドメニューが揃う。旬のフルーツを使ったデザートや、地域特集メニューも味わえる。DATA ㊟台東区花川戸1-4-1浅草EKIMISE7階 ㊛地下鉄浅草駅7番出口から徒歩1分、JR上野駅公園口から徒歩3分 ㊕11～22時(21時30分LO) ㊡無休 カウンター席 あり

埼玉県草加市の名物「そうからあげ」を衣に使ったパリパリのからあげ748円。

人形焼
4個300円～

五重塔、雷様、提灯、鳩の形をした人形焼。中はさっぱりとしたこし餡

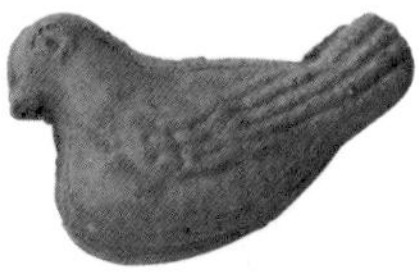

浅草で最も歴史のある
人形焼店

❻ 木村家本店《きむらやほんてん》

☎03-3841-7055 MAP P116C3

江戸創業、人形焼の元祖として知られる老舗。初代店主が考案した、五重塔や雷様など浅草をモチーフにした人形焼は、常温で1週間日持ちするので手みやげに◎。DATA ㊟台東区浅草2-3-1 ㊛地下鉄浅草駅1番出口から徒歩5分 ㊕9～18時 ㊡不定休

人形焼は店頭で作られ、香ばしい香りが漂う

ハッとするほどカラフルな財布をギャラリーのようにディスプレイ

ひとりでじっくり探索したい

ものづくりの街蔵前《ディープタウン》

蔵前は江戸時代からものづくりが盛んな土地柄。最近は古いビルや倉庫をリノベーションした、アーティスティックな雑貨店やおしゃれなカフェが続々とオープンしており、注目を集めている。

ソロタビPoint

蔵前にクリエイターが集まるようになったわけ

2004年に、隣接する御徒町に企業支援施設「台東デザイナーズビレッジ」が設立されたことがきっかけ。施設が設立されたことで、周辺を拠点に活動する若いクリエイターたちが増えていった。

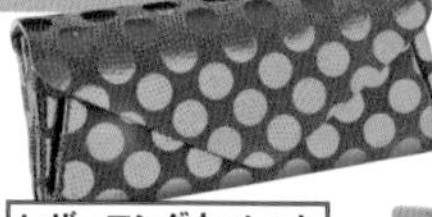

レザーロングウォレット ドット 2万3100円

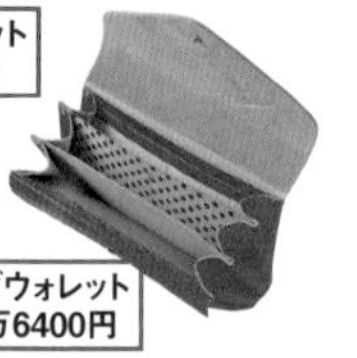

レザーロングウォレット ビビッド 2万6400円

世界に1冊だけ!

2

オリジナルのノートを作れる

カキモリ

かきもり

☎050-1744-8546 MAP P117B4

書くきっかけを作るお店として、ペンとノートや便せんなどを一緒に販売する文具店。表紙や中紙、リングなどの留め具を選ぶと、その場でオリジナルノートに仕上げてくれる。

DATA ㊟台東区三筋1-6-2 ㊋地下鉄浅草線蔵前駅から徒歩8分 ㊌11～19時 ㊡月曜(祝日の場合は翌日)

1

リングノート (手前)2000円(奥)2500円

1リングノートの中紙は交換(有料)できるので、長く愛用できる　2店内の工房でスタッフがノートを製作。週末は混雑することも

国産のオリジナルレザーアイテム

carmine design factory!

かーまいん でざいん ふぁくとりー!

☎03-6662-8754 MAP P117B4

ビビッドな色使いの財布や、動物の顔をプリントしたキュートな巾着袋など、オリジナリティあふれるアイテムに心躍る。主に国産のやわらかな豚革を使用しており、使い心地も抜群。DATA ㊟台東区三筋1-15-8 ㊋地下鉄浅草線・大江戸線蔵前駅から徒歩7分 ㊌11～18時 ㊡日・月曜

カウンター越しに製作する様子を見られることも

チョコ好きが集まる専門店

ダンデライオン・チョコレートファクトリー&カフェ蔵前

だんでらいおん・ちょこれーとふぁくとりーあんどかふぇくらまえ

☎03-5833-7270 MAP P117B4

サンフランシスコ発のチョコレート専門店。店内では、チョコレート作りの工程を見ながら、自家製のチョコレートを使ったドリンクやお菓子などを楽しめる。

DATA 住台東区蔵前4-14-6 交地下鉄浅草線蔵前駅から徒歩3分 時10～20時(19時30分LO) 休不定休 カウンター席 あり

シェフズテイスティング 1595円

5種類のシングルオリジンを表現したデザートプレート

1カカオ豆とオーガニックのきび砂糖のみで作るチョコレートバー1296円～ 2奥に工房があり製造工程を見学できる

スフェール・ビジュー単品720円、ドリンクセット1050円は2階で

ひと際目を引くスタイリッシュなお店

鳶en

えん

☎03-5823-4782 MAP P117B4

1階ではニューヨーク発の「ブルックリン・ロースティング・カンパニー」の豆で淹れるコーヒーを、2階では新鮮な食材を使ったフードやスイーツを味わえる。3階にはマーケット、屋上にはガーデンも。DATA 住台東区蔵前2-6-2 交地下鉄浅草線蔵前駅からすぐ 時11～20時(土・日曜、祝日は10時～19時。1階は全日8時30分～) 休月曜(祝日の場合は翌日) カウンター席 あり

1朝早くから営業する1階のコーヒースタンドは地元の常連も多い 23階のマーケットプレイスでは、手仕事の温もりが伝わるキルト類や、家具や雑貨が並ぶ

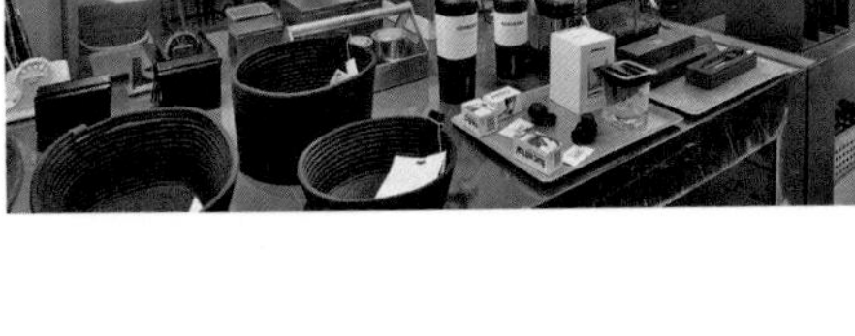

ディスプレイにもセンスが光る。長く愛用できる一品が見つかる

1ルームミスト各種2200円は晴れ、曇り、雨の天気をイメージした香り
2yumiko iihoshi porcelainのシンプルな器は定番人気

心をこめてセレクトされた品々

SUNNY CLOUDY RAINY

さにー くらうでぃー れいにー

☎03-6240-9779 MAP P117B4

人とのつながりを大切にする店主が、本当に良いと感じた洋服や生活雑貨、食べ物を紹介するセレクトショップ。テーマに沿った商品が並ぶ企画展を毎月開催しており、まるで天気のように変化がある。 DATA 住台東区蔵前4-20-8 交地下鉄浅草線・大江戸線蔵前駅から徒歩4分 時12～18時 休不定休

ディープタウン

新しくなった築地本願寺の

寺モーニングで朝活

創建400年を誇る築地本願寺は、朝いちばんの参拝がおすすめ。その理由は、オリエンタルな本堂を眺めながらモーニングを楽しめるから。お寺ならではの"朝活"を楽しんで。

ソロタビPoint

築地本願寺の「晨朝勤行（じんじょうごんぎょう）」に参加してみよう

築地本願寺の本堂では、朝7時から「晨朝勤行」とよばれる朝のお勤めが行われている。一般の人も見学や参加ができ、入退場は自由。早朝のお寺のすがすがしい空気を感じよう。

話題の寺カフェでおいしい朝ごはん

築地本願寺カフェ Tsumugi《つきじほんがんじかふぇ つむぎ》

境内を望む明るく開放的な空間。窓際が特等席だ

☎0120-792-048（築地本願寺コンタクトセンター） MAP P106D4

開かれたお寺を目指し、2017年11月に新設された「インフォメーションセンター」内にある。阿弥陀如来の四十八願の根本となる「第十八願」に由来した「18品の朝ごはん」が話題。 DATA 住中央区築地3-15-1 交地下鉄日比谷線築地駅1番出口直結 時8～21時（モーニングは8時～10時30分） 休無休

実はココなんです！

本堂はシルクロードを旅した建築家、伊藤忠太による傑作

築地本願寺歴史探訪

大火を経て現在の姿に

京都の西本願寺の別院として「浅草御堂」が誕生。明暦の大火で焼失後、延宝7年（1679）、現在地に「築地御坊」が建てられた。その後もたびたび火災に見舞われるも、都度再建された。

「築地」の地名の由来は?

浅草御堂の大火の後、幕府から寄進された海上の地を、佃島の門信徒が中心となって埋め立てて土地を造り上げた。新たな「地」を「築」いたことが地名の由来になっているという。

ガンダーラ建築美

外観はインドの仏教美術「ガンダーラ式建築」。内部には西洋、日本、中国の要素が取り入れられている。設計を手がけた伊東忠太は妖怪や幻獣を好み、各所にその意匠を施している。

1本堂の内部は、伝統的な日本の浄土真宗寺院の様式　2本堂の入り口の扉上部には西洋風のステンドグラスが

国指定の重要文化財

現在の本堂は昭和9年（1934）に再建されたもの。2011年には石塀とともに国の登録有形文化財に指定された。2014年には、三門門柱を加えた3点が重要文化財に指定されている。

1正門、北門、南門（写真）からなる「三門門柱」　2石塀は耐熱性や耐火性に優れた栃木県産の大谷石を使用

築地のお寺の朝ごはん 935円

築地名物の厚焼き玉子や焼き魚などが付く“ザ・日本食”

18品の朝ごはん 1980円

16種類の小鉢、おかゆ、味噌汁がセットになっている

ブックセンター《ぶっくせんたー》

関東随一の品揃えを誇る浄土真宗関連書籍を中心に、美術書や築地の歴史ガイドブックなど約3000冊を販売。境内のWi-Fiを利用すると、仏教関連の電子書籍を無料で閲覧可能。

DATA 時10〜17時

初心者向けの仏教入門書から専門書まで幅広い品揃え

オフィシャルショップ《おふぃしゃるしょっぷ》

仏事関連の商品や、普段使いできる文具、雑貨などを取り扱う。なかでも、本堂の意匠や歴史をモチーフにしたオリジナルグッズ、お菓子は、参拝のおみやげにぴったり。 DATA 時9〜17時

センスが光るアイテムが並び、ショッピングが楽しい

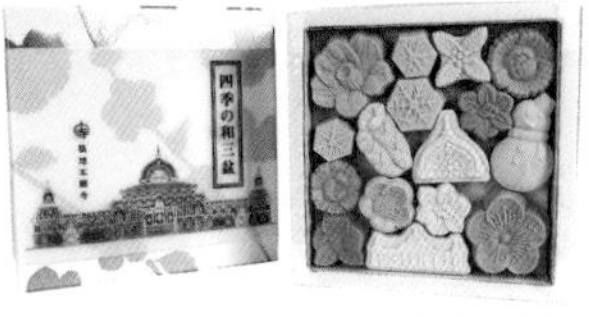

本堂や季節の風物をかたどった四季の和三盆1080円

プチギフトにもいい!

彩り小箱各350円は、中にお菓子が入っている

ディープタウン

みんなの住みたい街を探検

吉祥寺を気ままにぶらりさんぽ

住みたい街で常に上位ランキングされている吉祥寺。
緑豊かな井の頭恩賜公園をシンボルに、大型商業施設や昔懐かしい商店街、
おしゃれなショップや飲食店が共存し、老若男女問わず賑わう街を訪ねてみよう。

ソロタビPoint

吉祥寺が人気のヒミツ

吉祥寺の南側には緑豊かな井の頭恩賜公園、北側には大型店舗と個人経営の個性的なショップが共存している。自然に恵まれ、買い物にも便利という、街としてのバランスの良さが魅力といわれている。

桜の季節は花見の名所として多くの人で賑わう

緑豊かな吉祥寺のシンボル

❶ 井の頭恩賜公園《いのかしらおんしこうえん》

☎0422-47-6900 MAP P71

日本で初めての郊外公園として大正6年（1917）に開園。園内には約400本の桜が植えられており、桜の名所としても有名なほか、紅葉の時期も美しい景色が楽しめる。

DATA▶ 住武蔵野市御殿山1-18-31 交JR吉祥寺駅南口（公園口）から徒歩5分 料時休入園自由

アメリカで人気のパンケーキ

❷ オリジナルパンケーキハウス 吉祥寺店《おりじなるぱんけーきはうす きちじょうじてん》

☎0422-26-6378 MAP P71

1953年にアメリカで創業した人気パンケーキ店。開業当時のレシピを元に、天然酵母を使って手作りするパンケーキは、ふわふわ食感でやさしい味わい。オーブンで焼くダッチベイビー1339円も人気。DATA▶ 住武蔵野市吉祥寺南町1-7-1 丸井吉祥寺店1階 交JR吉祥寺駅南口（公園口）からすぐ 時10時30分〜20時（土・日曜、祝日は9時〜） 休不定休 カウンター席 あり

ガラス張りの明るい店内

ストロベリーパンケーキ 1628円

フルーツがいっぱい！

個性あふれる一点もの雑貨

❸ にじ画廊《にじがろう》

☎0422-21-2177 MAP P71

日本各地の100名以上の作家によるハンドメイド作品を展示販売。アクセサリーや文具など、各作家の個性が詰まった作品が並んでいる。2階はイラストレーション、アート作品の展示が中心。 DATA 住武蔵野市吉祥寺本町2-2-10 交JR吉祥寺駅北口から徒歩4分 時12～20時 休水曜

ブローチ 3960円

刺しゅう作家、中出紗織による手刺しゅうのかわいらしいお花ブローチ

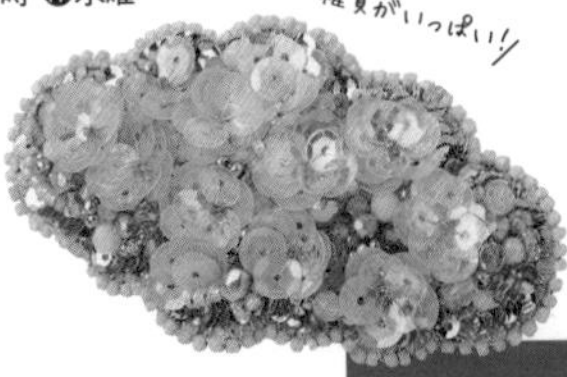

ガーデンバレッタ（M）4860円

ビーズやパールなどを散りばめた、suumiが手がけたアクセサリー

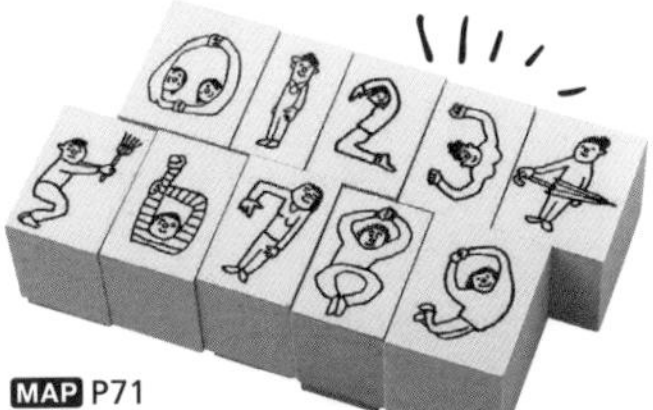

10年以上続く人気文具店

❹ サブロ《さぶろ》

☎0422-21-8118 MAP P71

日本のレトロで懐かしい文具、海外の文具、オリジナル商品まで、所狭しと並ぶ。店主さんがセレクトした個性的で愛らしい文具の中からお気に入りを探し出そう。
DATA 住武蔵野市吉祥寺本町2-4-16 2階 交JR吉祥寺駅北口から徒歩5分 時12～20時 休火曜

ひと数字ハンコ 4180円

デザイナーのほしのしほさんとコラボした、人が数字の形をしたハンコ

季節のデザートが少しずつ楽しめる。ソーダフロート750円も人気

デザートプレート 1300円

路地裏で見つけた宝石のような絶品スイーツ

❺ コマグラカフェ《こまぐらかふぇ》

☎0422-23-6450 MAP P71

階段を上った先にある隠れ家的なカフェ。ひとつひとつに店主の愛がこもった極上のスイーツをじっくり満喫できる。季節のパフェも要チェック。 DATA 住武蔵野市吉祥寺本町2-14-28大住ビル3階 交JR吉祥寺駅北口から徒歩5分 時10～21時（日～火曜は～20時） 休不定休
カウンター席 あり

元祖丸メンチカツ 1個240円

肉汁には黒毛和牛ならではの旨みが凝縮

絶品ジューシーなメンチカツ

❻ 吉祥寺さとう《きちじょうじさとう》

☎0422-22-3130 MAP P71

昭和23年（1948）から続く肉専門店。まん丸な形のメンチカツは、外はカリッ、中はふわっとした食感。揚げたてを食べるのがおすすめ。
DATA 住武蔵野市吉祥寺本町1-1-8 交JR吉祥寺駅北口から徒歩3分 時10～19時（メンチカツは10時30分～） 休無休

秋はモミジやケヤキなど5000本以上の木々が鮮やかな紅葉へと姿を変える

行きも帰りも便利に活用!

ソロタビ流!

東京駅攻略術

赤レンガの駅舎が美しい東京駅は、おいしいお店が数多く集まる一大グルメスポットでもある。旅のスタート&フィニッシュに立ち寄りたいお店をピックアップ。

見どころも多い
東京の玄関口

東京駅《とうきょうえき》

MAP P105B3

2014年に開業100周年を迎えた東京駅。南北にある巨大なドームや大時計など建物自体に見どころも多い。駅ナカには「グランスタ」「エキュート東京」「エキュート京葉ストリート」などがあり、話題のグルメやショッピングも楽しめる。

1 東京駅を使いこなそう!

改札の中と外には充実のショップと飲食店がズラリ!

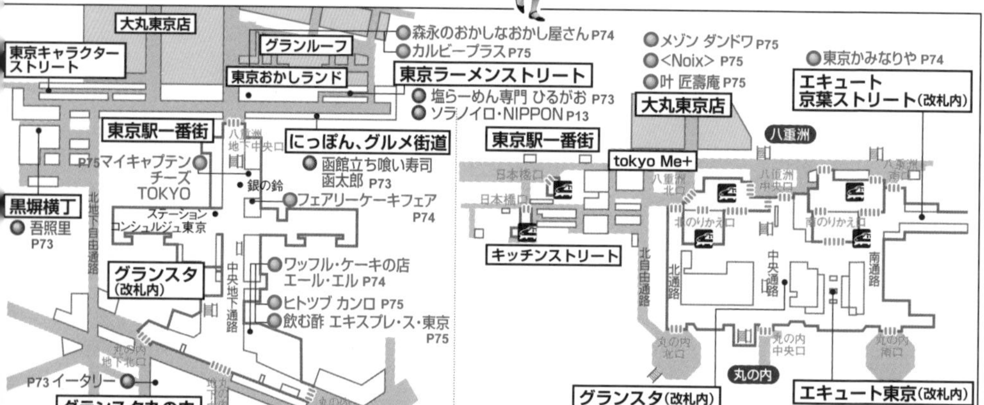

2 東京駅構内のグルメスポットをチェック！

生麺が新鮮なおいしさのパッタイ専門店

マンゴツリーキッチン “パッタイ”

まんごつりーきっちん　ぱったい

☎03-6259-1955 MAP P72左図 グランスタ丸の内

タイのバンコクに本店を構える人気店、マンゴツリーが手がけるパッタイ専門店。オリジナルの生米麺「クイッティオ」は、もちもちの食感。グランスタ改札内には姉店のガパオ専門店もある。

DATA 時7時～21時30分LO(日曜、連休最終日の祝日は～20時30分LO) 休無休 カウンター席 あり

1 テイクアウトメニューも豊富に揃う 2 エビのパッタイ1220円はスープ付き

駅構内最大級の規模を誇る!

イータリー

いーたりー

☎03-3217-7070 MAP P72左図 グランスタ丸の内

東京駅構内でも最大級のショップ面積を誇り、マーケット、レストラン、バールと3つのエリアからなるイタリアンフードマーケット。厳選した食材で作る、本格的なイタリア料理を手軽に味わおう。

DATA 時8～23時(レストランは11時～。日曜、連休最終日の祝日は～22時) 休無休

カウンター席 あり

1 奥がレストランになる 2 生ハムとルーコラのピッツァ2728円 3 ハムとチーズの盛合せ2288円

行列店の味を東京駅で!

塩らーめん専門 ひるがお

しおらーめんせんもん ひるがお

☎03-3213-7000

MAP P72左図 東京ラーメンストリート

環七沿いにある行列店「せたが屋」ブランドの塩ラーメン専門店。北海道産小麦と純水で作る自家製麺と、魚介系のコクのあるスープは絶妙なバランス。

DATA 時10時30分～23時30分 休無休 カウンター席 あり

塩ラーメン
ひるがお盛り 1150円

焼肉から一品料理まで本場の味を

吾照里

おじょり

☎03-5220-5220

MAP P72左図 黒塀横丁

渋谷に本店があり、本場韓国の家庭料理が味わえる。人気のランチはスンドゥブチゲ1390円、チーズチヂミ1380円など。

DATA 時10～23時(食事は～22時LO、飲み物は～22時30分LO) 休無休 カウンター席 あり

石焼桜肉ユッケ
ビビンパ 1290円

鮮度抜群の寿司を立ち食いで

函館立ち喰い寿司 函太郎

はこだてたちぐいずし かんたろう

☎03-6551-2398 MAP P72左図 にっぽん、グルメ街道

函館に本店を構える人気回転ずしの名店がオープンさせた立ち食いスタイルの店。ネタは函館近海でとれる魚介を中心に、鮮度にこだわり全国から厳選している。

DATA 時10時～22時30分LO 休無休

カウンター席 あり

握りは1貫88円～。
イクラ、ホッキ貝などの北海5点盛り1342円

\ こちらもCheck! /

東京駅からここへも

東京駅の周囲には、ほかにも魅力的な複合施設やホテルがたくさん！ここでしか出合えない極上のおいしいものや逸品を探しに行こう。

東京駅日本橋口側に隣接するホテルの28階で景色も楽しめる♡

シャングリ・ラ ホテル 東京

MAP P105B2

「ザ・ロビーラウンジ」のアフタヌーンティー 時14時30分～17時30分（土・日曜、祝日は13時～、15時30分～※2時間制）料5280円～（季節により異なる。サービス料別）

JPタワー「KITTE」

じぇいぴーたわー きって

MAP P105B3

東京駅丸の内南口を出て目の前にある日本郵便が手がける商業施設。全7フロアに、全国各地の銘品を扱うショップや老舗の味が集結する。

駅構内に東京の人気商品が勢揃い

東京駅でおみやげ選び

定番から話題のスイーツまで揃う東京駅は、おみやげ探しには欠かせないスポット。ココでしか買えない限定パッケージもあるので、しっかりチェックして！

限定 は東京駅の限定商品または限定パッケージです。

東京ステーションビスケット
10枚入り1500円

サクサクの食感

Berry' upのいちごサンドクッキー
8個入り1296円

イチゴの味が濃厚

限定

A HANAGATAYA
グランスタ東京中央通路店
はながたや
ぐらんすたとうきょうちゅうおうつうろてん

チュイールクッキーに、甘酸っぱいいちごチョコレートを贅沢に5層仕立てでサンドした、新ブランドのお菓子。

日持ち 製造日から120日

限定

B 森永のおかしなおかし屋さん
もりながのおかしなおかしやさん

お祭りをイメージした「わたがし味」と「りんご飴味」のハイチュウ。

日持ち 出荷日から12カ月

東京お祭りハイチュウ
ドデカッ!!BOX756円

東京の祭りと名所が描かれている

限定

A フェアリーケーキフェア
ふぇありーけーきふぇあ

店内の工房で手作りしている東京駅丸の内駅舎形のビスケット。バターとカカオの2種入り。

日持ち 製造日から60日

かみなりさまの角をイメージ

東京かみなりや
5個入り700円

D 東京かみなりや
とうきょうかみなりや

米粉が入ったラングドシャに、クリームとナッツ、ゴマの飴がけをトッピング。

日持ち 製造日から60日

C 東京カンパネラ
とうきょうかんぱねら

ラングドシャではさんだチョコの中から天然ブルーのハーブティーソースがあふれる。

日持ち 製造日から30日

ブルーメルティン
サンド8個入り1200円

鮮やかなブルーに驚き

限定

A ワッフル・ケーキの店 エール・エル
わっふる・けーきのみせ えーる・える

ふわふわのワッフル生地に、果物やクリームをサンド。東京駅限定の5種入り。

日持ち 購入日の翌日

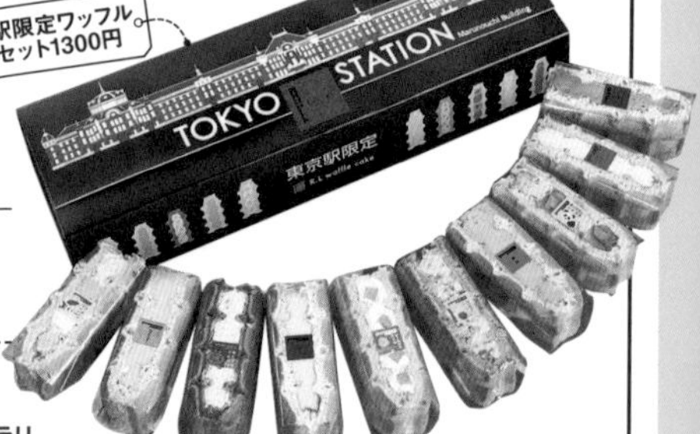

東京駅限定ワッフル
10個セット1300円

限定フレーバーも！

飲食店やキャラクターグッズが充実

B 東京駅一番街 八重洲中央口
とうきょうえきいちばんがい

☎03-3210-0077 MAP P105B3・P72

八重洲口に広がるショッピング街。地下1階の東京みやげセンターにみやげが揃う。東京おかしランドでは、できたてのお菓子を販売している。

DATA 時店舗により異なる 休無休

90以上の店舗がズラリ

A グランスタ 丸の内地下中央口
ぐらんすた

☎03-6212-1740(代表 鉄道会館) MAP P105B3・P72

東京駅地下1階から1階に広がるショッピングスポット。スイーツをはじめ、弁当や惣菜、コスメ、雑貨までバラエティーに富んだ店舗が並ぶ。

DATA 時8～22時(日曜、連休最終日の祝日は～21時。一部店舗は異なる) 休無休

限定

A マイキャプテンチーズTOKYO《まいきゃぷてんちーずとーきょー》

チェダーチーズショコラがはみ出る「チーズチョコレートバーガー」と「チーズクッキースティック」のセット。

日持ち 製造日から45日

限定

A 飲む酢 エキスプレ・ス・東京《のむす えきすぷれ・す・とうきょう》

果実酢を使った低糖度のジャム2個と、ビール割り用の飲む酢のセット。グランスタ店限定商品。

日持ち ビネガージャム：製造日から1年、飲む酢：製造日から10カ月

A ヒトツブ カンロ《ひとつぶ かんろ》

全部で6フレーバーあるプレッツェル形のグミ。外はパリッ、中はしっとりとした食感。

日持ち 製造日から90日

限定

E 叶 匠壽庵《かのう しょうじゅあん》

薄めの皮の間に、大粒の栗がごろごろ入った手の平サイズの大きなどら焼き。大丸東京店限定販売。

日持ち 製造日から13日

限定

B カルビープラス《かるびーぷらす》

東京下町名物「もんじゃ」で人気の明太チーズ味のチップス。東京駅店限定商品。

日持ち 製造日から6カ月

E <Noix>《のわ》

サクサクのバタークッキーにチョコレート、キャラメリゼしたクルミがマッチしている。

日持ち 購入日から1カ月

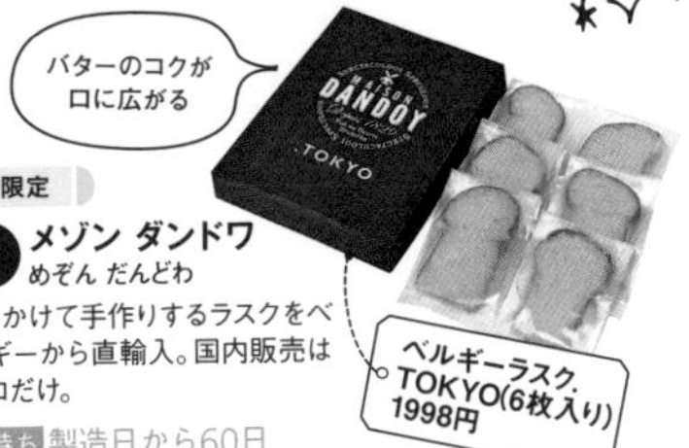

限定

E メゾン ダンドワ《めぞん だんどわ》

3日かけて手作りするラスクをベルギーから直輸入。国内販売はココだけ。

日持ち 製造日から60日

C 資生堂パーラー《しせいどうぱーらー》

サクサク生地は数種類のスパイスと秘伝のカレー粉入り。間にはまろやかなチーズクリームをサンド。

日持ち 製造日から120日

八重洲北口直結の大型百貨店

E 大丸東京店《だいまるとうきょうてん》 八重洲北口

☎03-3212-8011 MAP P105B3・P72

東京駅に直結と抜群の立地にある。1階・地下1階の「ほっぺタウン」には、スイーツやお弁当など約150店舗が集結するグルメエリア。

DATA ㊟千代田区丸の内1-9-1 ㊡JR東京駅直結 ㊔10〜21時(祝日を除く木・金曜の全館、平日の地下1階・1階は〜21時) ㊍無休

見逃せない限定ショップも豊富

C エキュート東京《えきゅーととうきょう》 駅ナカ・丸の内南口

D エキュート京葉ストリート《えきゅーとけいようすとりーと》 駅ナカ・八重洲南口

☎03-3212-8910 MAP P105B3・P72

東京駅の構内に2カ所あるエキュート。食品から雑貨まで揃っている。ほかにはない限定ショップが多くあるのも特徴の一つ。

DATA ㊔8〜22時(※エキュート東京は日曜、祝日は〜21時30分。一部店舗は異なる) ㊍無休

ひとりでゆったり

スパ&サウナでリラックス

天然温泉やサウナなど、リラクゼーションスポットが多い東京。
最新設備が整う注目のスパで、心ゆくまで癒やされて。

水道橋

天然温泉と女性専用ラウンジがうれしい

東京ドーム天然温泉 Spa LaQua

とうきょうどーむてんねんおんせん すぱ らくーあ

☎03-3817-4173 MAP P102C2

都心の地下1700mから湧く天然温泉を満喫できる大型スパ施設。多彩なサウナや浴室など、充実の設備が整っている。低温サウナ、休憩スペースを備えたヒーリング バーデは、追加料金880円で18歳以上のみが利用できる人気の空間。

DATA ㊟文京区春日1-1-1東京ドームシティLaQua5～9階(フロント6階) ㊡地下鉄丸ノ内線・南北線後楽園駅から徒歩1分 ㊑入館2900円(土・日曜、祝日、特定日は3250円) ㊕11時～翌9時(入浴終了翌8時30分※最終入館は8時) ㊡メンテナンス日(要問合せ)

1女性ひとりでも安心して仮眠できるレディースラウンジ 2随所に緑を配した露天風呂。泉質は保湿・保温にすぐれた塩化物泉 3スパゾーンにある女性専用のミストサウナ

1女性専用リラックスラウンジはさくら色の照明がおしゃれ 2リゾート気分が味わえる女性用ジェットフォームバス

池袋

リラクゼーションメニューも豊富

タイムズ スパ・レスタ

たいむず すぱ・れすた

☎03-5979-8924 MAP P103B1

18歳以上限定のスパ。露天風呂やジェットバス、寝湯など多彩な浴槽に加え、サウナ、レストランも完備。オールハンドのボディケアなどトリートメントメニューも充実。

DATA ㊟豊島区東池袋4-25-9 ㊡JR・地下鉄丸ノ内線・副都心線池袋駅から徒歩8分 ㊑入館2850円(土・日曜、祝日、特定日は3250円) ㊕11時30分～翌9時(最終受付は8時) ㊡不定休(要問合せ)

1ウォーターピラーは5種類の温度を用意。A℃は常温 2さわやかな香りを楽しめるロウリュではドシー（℃）オリジナルのミント水を使用している

恵比寿

宿泊もできるおしゃれなサウナ

ドシー（℃）恵比寿

どしー えびす

☎03-3449-5255 MAP P15B3

サウナとカプセルホテルが一体となったユニークな施設。本場のフィンランドにならい、セルフロウリュで、蒸気浴を楽しめる。サウナの後は、特殊な水流のウォーターピラーでクールダウンしよう。

DATA 住渋谷区恵比寿1-8-1 交JR・地下鉄日比谷線恵比寿駅から徒歩1分 料サウナ1000円～（最初の1時間以降、1時間毎に500円）、仮眠1500円～（最初の1時間以降、1時間毎に500円）、宿泊4900円～ 時サウナ13時～翌9時、仮眠13～21時、宿泊チェックイン13時、チェックアウト10時 休無休

＼ココもCHECK!／

新宿

ヒノキパウダーで全身デトックス

発酵温浴nifu

はっこうおんよくにふ

☎03-6380-0480 MAP P114C2

自然発酵させたふかふかのヒノキパウダーに体を沈め、芯から温まる女性専用の酵素風呂。体の中に天然の酵素を取り入れ、新陳代謝をアップさせる効果も。むくみや冷えの解消にぴったり。

DATA 住新宿区新宿3-11-6エクレ新宿6階 交地下鉄丸ノ内線・副都心線新宿三丁目駅から徒歩1分 料疲労解消入浴（75分）5830円ほか、要予約 時10時～22時30分（最終受付は21時）休第4木曜

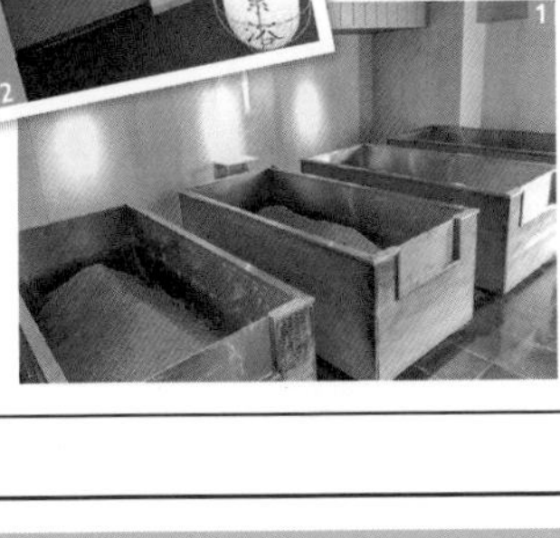

1カウンセリング後、約15分間発酵温浴を体験 2休憩室やパウダールームも完備

1全身を包みこむようなハンモックでリラックス 2ワンランク上の過ごし方ができる銭湯といった雰囲気 3約5000冊が並ぶブックコーナー

お茶の水

入浴後はくつろぎのスペースでほっこり

RAKU SPA 1010 神田

らく すぱ せんとう かんだ

☎03-5207-2683 MAP P102C2

日替わり湯、炭酸の湯などサウナを含む4種の風呂を用意。ハンモックや大きなクッションを配したくつろぎスペース、コミックや雑誌が並ぶブックコーナーもあり、長時間の滞在でのんびり過ごせる。

DATA 住千代田区神田淡路町2-9-9 交JR御茶ノ水駅、地下鉄千代田線新御茶ノ水駅、地下鉄丸ノ内線淡路町駅から徒歩5分 料銭湯コース（3時間）470円、サウナコース（3時間）910円、RAKU SPAコース（10時間）1490円※土・日曜・祝日は1590円。深夜1～5時はRAKU SPAコースのみ、別途1300円追加 時11時～翌8時（最終受付は翌7時）休メンテナンス日

進化型シェアホテル・カプセルホテル

ソロタビにうれしい、おしゃれで快適、しかもリーズナブルなホテルが増加中。

コンセプトは“泊まれる茶室”

hotel zen tokyo《ほてる ぜん とうきょう》

人形町　☎03-6667-0317　MAP P104D1

茶室をイメージした和風カプセルホテル。個別ロッカーや充実のアメニティなど、細やかな配慮に女性からの人気も高い。バーラウンジ、ワーキングスペースなど設備も整っている。人形町駅からすぐ、水天宮前駅まで徒歩5分と絶好のロケーションも魅力。 DATA 住中央区日本橋人形町1-5-8 交地下鉄浅草線・日比谷線人形町駅からすぐ 料スタンダード4000円～ 客室数78室 時IN／OUT 16時／10時

1暖簾がかかるエントランスはまるで料亭のよう 2天井が高く居心地抜群の客室は5タイプある

共用スペースも充実の未来型カプセルホテル

The Millennials Shibuya《ざ みれにあるず しぶや》

渋谷　☎03-6824-9410　MAP P113B3

ライフスタイル提案型のカプセルホテル。ポッドと呼ばれる客室には、リクライニング式のベッドを配置。キッチンやラウンジ、共用スペースでの交流も楽しめる。無料の朝食、ビールフリータイムもある。 DATA 住渋谷区神南1-20-13 交JR・東急東横線・京王井の頭線・地下鉄半蔵門線・副都心線渋谷駅から徒歩6分 料スマートポッド6000円前後～(時期により変動あり) 客室数120室 時IN／OUT 15時／10時

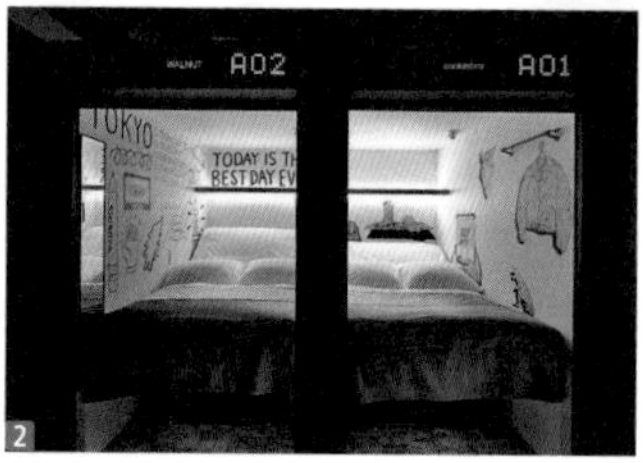

1共用スペースのラウンジもスタイリッシュ 2プロジェクター付き、アート空間など客室は3タイプ

スタイリッシュな新ホテルブランド

an/other TOKYO《あなざーとうきょう》

京橋　☎03-3561-0254　MAP P104C4

2019年5月にオープンした、近未来的でスタイリッシュなホテル。カプセルタイプのキャビンと個室タイプのコンパートメントがあり、それぞれにS、M、Lと異なる広さを用意している。男女別フロアの客室や昔ながらの洋食レストランも完備。 DATA 住中央区京橋2-5-4 交地下鉄銀座線京橋駅から徒歩1分 料キャビン3500円～、コンパートメント7500円～ 客室数200室 時IN／OUT 15時／11時(プランにより異なる)

11階にあるカフェにはおしゃれなテラス席もある 2Mサイズのキャビンはベッド幅約100cm。各客室にヘアアイロンを常備している

女性専用ならではのおもてなし

NADESHIKO HOTEL SHIBUYA《なでしこ ほてる しぶや》

渋谷　☎03-5489-3667　MAP P103B2

渋谷にほど近い閑静なエリアにある女性専用カプセルホテル。チェックイン時に好みの浴衣を無料レンタルできるほか、赤富士が描かれた大浴場に檜風呂、畳敷きのフリースペースなど、和のテイストを盛り込んだ空間づくりやサービスがうれしい。 DATA 住渋谷区神泉町10-5 交京王井の頭線神泉駅から徒歩3分 料4900円～ 客室数24室 時IN／OUT 17時／10時(プランにより異なる)

11階にはコインランドリーを設置 2日本画が描かれた簾や行灯風の照明が配されたカプセルフロア 3アメニティが入っている巾着

共有スペースも快適

IMANO TOKYO GINZA HOSTEL《いまの とうきょう ぎんざ ほすてる》

新富町　☎03-5117-2131　MAP P106D2

築地や銀座に近く、ショッピングや観光に便利な立地。シンプルでシックなデザインのドミトリーは、6名部屋と4名部屋、女性専用があるほか、和室やファミリールームも用意。2階のコモンスペースでは、パニーニをメインとした朝食メニュー（有料）も楽しめる。DATA 住中央区新富1-5-10 交地下鉄有楽町線新富町駅から徒歩2分 料ドミトリー1ベッド3400円～ 客室数19室 時IN／OUT 16時／11時

1

2

1カフェのようなモダンな外観 2 24時間利用可能な電子レンジやケトルもある

浅草観光に便利なロケーション

BUNKA HOSTEL TOKYO《ぶんか ほすてる とーきょー》

浅草　☎03-5806-3444　MAP P116C3

浅草すしや通りのビルを改装したホステル。客室はドミトリーや個室など全128ベッドがある。2段ベッドのドミトリーは、出入りする場所が重ならないよう角度を変えたり、女性専用フロアを用意する。1階には宿泊者以外も利用できる居酒屋がある。DATA 住台東区浅草1-13-5 交地下鉄浅草線・銀座線浅草駅から徒歩5分 料ドミトリー3000円～、シングルベッド5000円～ 客室数128ベッド 時IN／OUT 16時／11時

1

2

1外国人旅行者も多く、国際交流も楽しめそう 2「バンクヘッド」という2段ベッドは120床ある

©Shiori Kawamoto

北欧をイメージしたデザイン

MAYU TOKYO WOMAN《まゆ とうきょう うーまん》

八丁堀　☎03-5117-2018（6～24時）
MAP P102C2

デザイン、快適性、リーズナブルを追求した女性専用カプセルホテル。電子レンジ、ポット、冷蔵庫を備えたラウンジでは、無料のドリンクサービスも利用できる。カプセルルームには、体の沈み込みを抑える高級マットレスを使用。DATA 住中央区湊1-12-10 交JR・地下鉄日比谷線八丁堀駅から徒歩6分 料3772円～ 客室数120室 時IN／OUT 17時／10時

泊まってキレイになれるカプセルホテル

アルビダホテル青山《あるびだほてるあおやま》

青山　☎03-5413-3805
MAP P110C3

コスチュームアクセサリーブランド「アビステ」が手がける、女性専用カプセルホテル。パウダールームには美顔器やマッサージャーが並び、エステ感覚で宿泊できる。各フロアはカードキーで出入りする。DATA 住港区南青山3-1-5 交地下鉄銀座線外苑前駅から徒歩1分 料スタンダードカプセル5390円～ 客室数102室 時IN／OUT 17時／10時30分（プランにより異なる）

ユニークな外観が目を引く

ナインアワーズ浅草《ないんあわーずあさくさ》

浅草　☎03-5830-0057
MAP P116C2

地上9階建ての個性的な外観のカプセルホテル。自由に使えるデスクやラウンジ、ジムスペースがあり、宿泊のほか、シャワーや仮眠のみでも利用可能。1階にはノルウェーに本店を構える人気のカフェ「Fuglen」がある。
DATA 住台東区浅草2-6-15 交地下鉄浅草線・銀座線浅草駅から徒歩8分 料4900円～ 客室数183室 時IN／OUT 13時／10時

Photo:Nakasa&Partners

立地が
お部屋が

フォトジェニックな街ナカホテル

アートな空間だったり泊まるだけで写真映えするホテルも急増中。

無印良品が手がける日本初のホテル

MUJI HOTEL GINZA

むじ ほてる ぎんざ

銀座 ☎03-3538-6101 MAP P106C1

2019年4月、世界旗艦店の「無印良品 銀座」(→P31)とともに開業。「アンチゴージャス、アンチチープ」をコンセプトに、生活の延長として過ごせる心地よい空間とサービスを提供する。アメニティの一部は1～6階の店舗で購入可。DATA 住中央区銀座3-3-5(フロントは6階) 交地下鉄銀座駅から徒歩3分 料セミダブル1泊1万4900円～(1名利用の場合) 客室数79室 時IN／OUT 11時／15時(プランにより異なる)【無印良品 銀座】時10～21時(1階、地下1階は7時30分～) 休不定休

1フロントの壁には約100年前の路面電車の敷石を使用 22段ベッドがあるTYPE Gは料2万9900円(2名利用の1室料金) 3TYPE Aはコンパクトながらセミダブルのベッドが快適な客室 4ホテルフロントの本棚に約500冊の「日本の見方」がテーマの書籍がある 5日本各地の和食を楽しめる店「WA」の朝食は、宿泊者のみ利用可能

ルーフトップから見える景色は圧巻

ONE@Tokyo

わん あっと とうきょう

押上 ☎03-5630-1193 MAP P116D3

世界的な建築家・隈研吾氏がデザイン監修した、東京スカイツリーの近くに立つデザインホテル。客室はスタンダードタイプの「スタジオ」や大きな窓のある「ロフト」など3タイプ。宿泊者だけが利用できるルーフトップからの絶景も楽しみ。DATA 住墨田区押上1-19-3 交地下鉄・東武線・京成線押上〈スカイツリー前〉駅から徒歩3分 料スタジオ7210円～、ロフト1万3765円～ 客室数142室 時IN／OUT 15時／11時

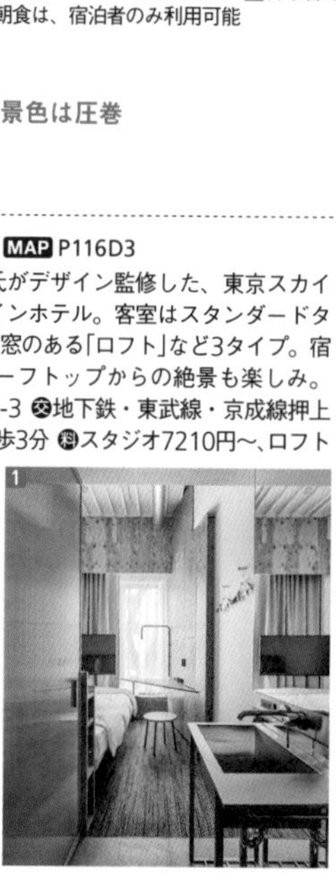

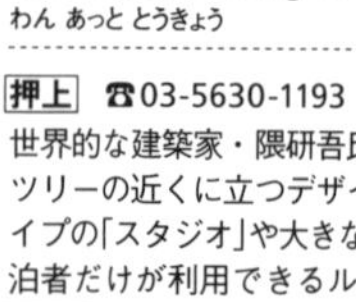

1コンパクトな14㎡の客室「スタジオ」 2ルーフトップからの眺めは宿泊者だけの特権

日本の美意識が体感できる空間

パークホテル東京

ぱーくほてるとうきょう

汐留 ☎03-6252-1111 MAP P102C2

汐留メディアタワーの25～34階に位置するホテル。吹き抜けのフロントから客室にいたるまで、ほかでは味わうことのできないアート空間が広がる。注目は異なるアーティストが手がけたフロア。日本を意識したアートを鑑賞しながら滞在が楽しめる。DATA 住港区東新橋1-7-1汐留メディアタワー(フロントは25階) 交新交通ゆりかもめ汐留駅から徒歩1分 料2万円～ 客室数270室 時IN／OUT 14時／15時(プランにより異なる)

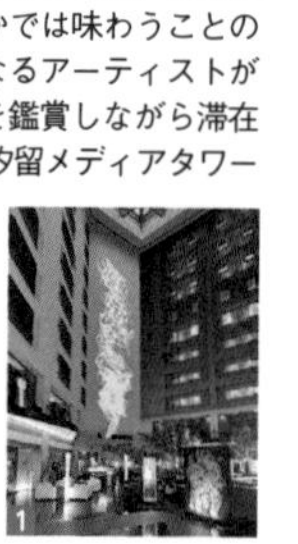

1フロントでは高さ約30mの壁面にアートを展示 2画家・成田朱希さんが手がけたアーティストルーム「芸者金魚」。1名利用は3万円～

マンガづくしのカプセルホテル

MANGA ART HOTEL, TOKYO《まんが あーと ほてる ,とうきょう》

御茶の水 URL https://mangaarthotel.com/ MAP P102C2

アートをテーマに厳選されたマンガの中に、宿泊用カプセルが配されたコンセプト型ホテル。男女でフロアが分かれており、女性専用は16室。白を基調としたベッドスペースは、ゆったりとしていてくつろげる空間。気に入ったマンガはフロントで購入も可能。DATA 住千代田区神田錦町1-14-13 ランドプールカンダテラス 4・5階 交地下鉄小川町駅・淡路町駅・新御茶ノ水駅から徒歩1分 料4800円～(予約は公式サイトから) 客室数35室 時IN／OUT 15時／11時

1マンガに没頭できるシンプルなベッドルーム 2手を伸ばせば届く距離にマンガがぎっしり

リバーサイドのシェアホテル

LYURO 東京清澄-THE SHARE HOTELS-《りゅうろ　とうきょうきよすみ-ざ しぇあ ほてるず-》

清澄白河 ☎03-6458-5540 MAP P102C2

隅田川に面した幅44mものオープンテラスが心地よい、シェア型リノベーションホテル。バス・トイレ付きの客室からドミトリータイプまで、好みに合わせて滞在できる。1階にはフリーデスクとギャラリースペースがあるほか、ランドリーやレストランも揃っている。DATA 住江東区清澄1-1-7 交地下鉄清澄白河駅から徒歩10分 料スタンダードダブル1万8000円～、コンパクトダブル1万5000円～ 客室数23室、ドミトリー30ベッド 時IN／OUT 15時／10時（プランにより異なる）

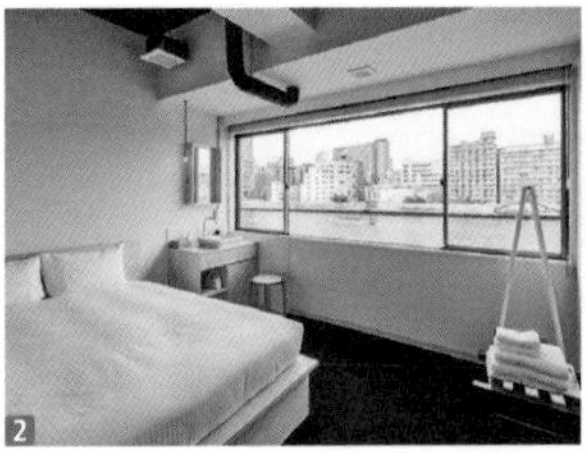

1誰でも利用できる「かわてらす」 2隅田川を望むコンパクトダブル

24時間営業の遊べるラウンジが人気

モクシー東京錦糸町《もくしーとうきょうきんしちょう》

錦糸町 ☎03-5624-8801 MAP P102C2

海外ホテルチェーンのマリオットが手がけるライフスタイルホテルブランド。おしゃれな客室には、シモンズ製のベッドに大画面のテレビ、レインシャワーを備える。卓球台、フーズボールやビリヤードが置かれたバーラウンジ、フィットネスセンターは24時間利用OK。一晩中遊びながら、ゲスト同士の交流も楽しめる。DATA 住墨田区江東橋3-4-2 交JR・地下鉄錦糸町駅から徒歩5分 料シングル1万5730円～ 客室数205室 時IN／OUT 15時／12時

1ポップなエントランス 2シンプルながら快適な客室 3都会的なデザインのロビーエリア

ライブラリーやレストランも備える

グランパーク・イン北千住《ぐらんぱーく・いんきたせんじゅ》

北千住 ☎03-5284-2641 MAP P102C1

女性専用フロアを備えたカプセルホテル。女性デザイナーが手がけているとあって、明るくモダンな空間。専用デスク＆チェアを配した広々としたキャビンをはじめ、客室は3タイプ用意している。共有スペースにはライブラリーやバイキング形式の朝食を提供するレストランもある。DATA 住足立区千住仲町40-9 交JR・東武線・地下鉄北千住駅から徒歩5分 料プレミアムキャビン3980円～ 客室数94室 時IN／OUT 15時／10時

1黒を基調としたしゃれた外観 2女性専用フロアは電子ロックで管理され、セキュリティーも万全

まずは予習

横浜《よこはま》

エリア&プロフィール

港町・横浜エリアは、ウオーターフロント沿いに見どころがギュッと凝縮。
南北に広がる4つのエリアが観光の中心で、
それぞれに個性があり、エリアごとに雰囲気ががらりと変わる。
港町さんぽ、中華街グルメ、元町ショッピングなど、目的に合わせて楽しもう。

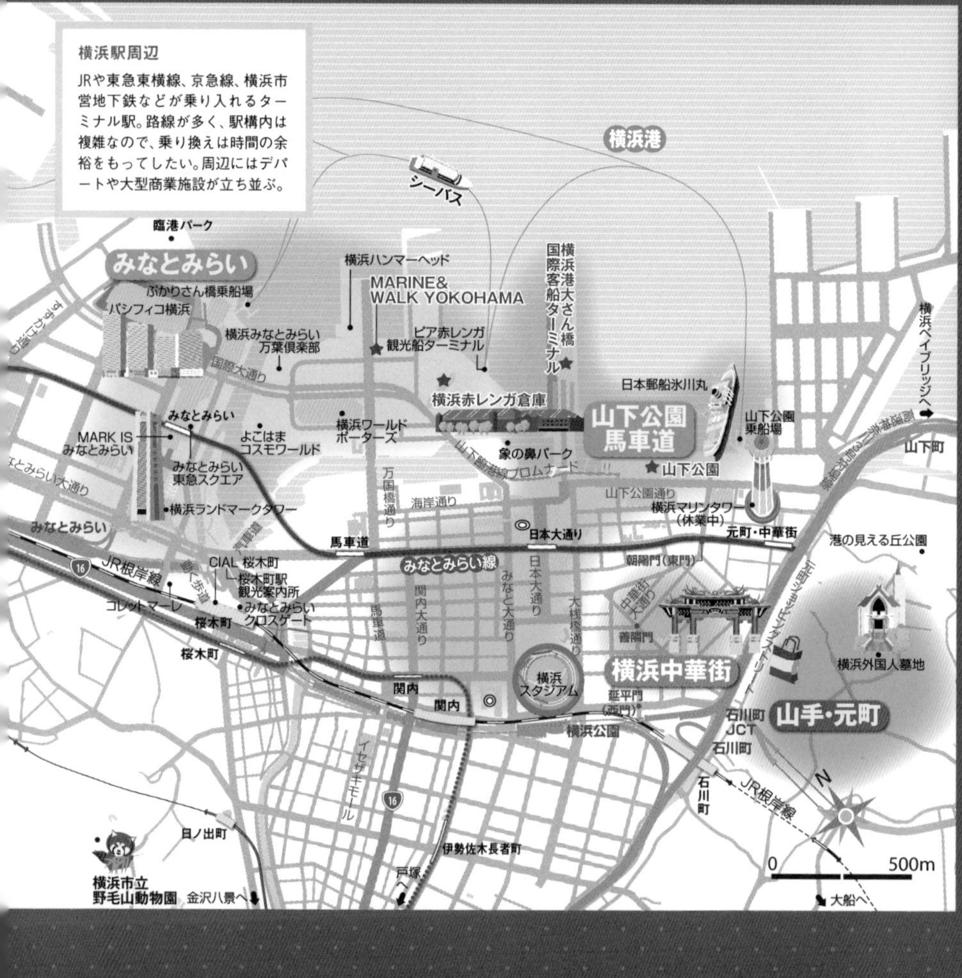

② 横浜中華街《よこはまちゅうかがい》

活気あふれるチャイナタウン

中華大通りに並ぶ老舗料理店や路地裏の個性的な名物料理店で中国料理を味わおう。肉まんやタピオカなどをテイクアウトできる店や中国茶カフェ、中国雑貨店もあり一日中楽しめるエリア。

ソロタビにおすすめ

- ワンプレートグルメ➡P88
- おみやげ探し➡P88

① みなとみらい《みなとみらい》

横浜の旬が集まるエリア

明治時代に造られた横浜赤レンガ倉庫や横浜ランドマークタワーなどが観光のメイン。大型ショッピングモールが並び、雰囲気のよいカフェやレストランも多い。ビルや観覧車がきらめく夜景は必見。

ソロタビにおすすめ

- SNS映えスポット➡P18
- 1Dayさんぽ➡P84

④ 馬車道／山下公園《ばしゃみち／やましたこうえん》

港町の香り漂うベイサイド

開港時の雰囲気を色濃く残すエリア。歴史的な建造物が並ぶハイカラな雰囲気の馬車道。海を望む山下公園では散策を楽しもう。隠れ家的バーも多い。

ソロタビにおすすめ

- 港町のBar➡P94

③ 山手・元町《やまて・もとまち》

異国情緒漂うおしゃれエリア

高台に広がる山手は、外国人居留地としての歴史があり、明治〜昭和期の洋館が点在。元町には、全国的に有名な元町ブランドや洗練された雑貨を扱う店が集まる。

ソロタビにおすすめ

- 洋館カフェ➡P90

観光スポット周遊バス　あかいくつ／路線バス　ピアライン

桜木町駅前発着の、観光に便利なバス。「あかいくつ」は2ルートあり、どちらも休日は10〜19時台に運行。2019年11月からは、MM21地区〜大さん橋を結ぶ新路線「ピアライン」が登場。桜木町駅を7時〜22時42分に発車し、朝夕は12〜20分間隔、夜は20〜30分間隔で運行。いずれも1乗車220円。

フォトジェニックなスポットをめぐる

ヨコハマ 1Dayさんぽ

海風が気持ちいい公園や歴史を感じる建物、
異国情緒あふれる横浜中華街など、横浜らしい景色を探しながら、
のんびりおさんぽ。写真に撮りたいステキな発見がありそう!

ソロタビPoint

公共交通を上手に活用

みなとみらい地区周辺は徒歩でめぐることができるが、横浜中華街や元町周辺へは、周遊バス「あかいくつ」や「シーバス」を利用するのもおすすめ。

START みなとみらい線馬車道駅
← 徒歩12分
① MARINE & WALK YOKOHAMA
← 徒歩5分
② 横浜赤レンガ倉庫
← 徒歩10分
③ 横浜港大さん橋国際客船ターミナル
← 徒歩15分
④ 横浜中華街
← 徒歩6分
⑤ 山下公園
← 徒歩1分
GOAL みなとみらい線元町・中華街駅

ウッドデッキから大パノラマを楽しんで!

山下公園周辺

港町・横浜らしい景色ならココ!

③ 横浜港大さん橋国際客船ターミナル《よこはまこうおおさんばしこくさいきゃくせんたーみなる》

☎045-211-2304 MAP P118D4

国際線が就航する巨大ターミナル。自由に入場できる屋上デッキ「くじらのせなか」からは、みなとみらい地区を一望できる。昼間とは違う表情を見せる夕暮れ時や夜もおすすめ。DATA 住横浜市中区海岸通1-1-4 交みなとみらい線日本大通り駅から徒歩6分 料屋上デッキは入場無料 時9時～21時30分(屋上デッキは24時間) 休無休

横浜らしいおみやげをチェック!(詳しくは→P92へ)

建物前の広場ではさまざまなイベントが開催される

みなとみらい

赤レンガの建物が青空に映える!

② 横浜赤レンガ倉庫《よこはまあかれんがそうこ》

☎045-227-2002(2号館)

MAP P118D4

赤レンガ造りの重厚な建物は、かつて倉庫として利用されていたもの。現在は個性豊かなショップやレストランなどが入る複合施設となっている。DATA 住横浜市中区新港1-1 交みなとみらい線馬車道駅または日本大通り駅から徒歩6分 時1号館は10～19時、2号館は11～20時(店舗により異なる) 休無休(法定点検日を除く)

建物もショップのディスプレイも素敵!

人気のウォールアート「エンジェルウィングス」

みなとみらい

海沿いに広がるオープンモール

① MARINE & WALK YOKOHAMA《まりん あんど うぉーく よこはま》

☎045-680-6101 MAP P118D3

海を望むロケーションに、おしゃれなショップやレストラン&カフェが並び開放感いっぱい。ハイセンスで個性的なショップも多く、見て歩くだけでも楽しい。DATA 住横浜市中区新港1-3-1 交みなとみらい線馬車道駅または日本大通り駅から徒歩12分 時11～20時(レストランは～23時、一部店舗により異なる) 休不定休

おさんぽにプラス♪

シーバス

横浜駅東口～山下公園間は所要約35分

横浜駅東口、みなとみらい、横浜赤レンガ倉庫（ピア赤レンガ）、山下公園を結ぶ水上バスに乗って、海上からみなとみらい地区を眺めてみよう。航行時間など、詳細は公式ＨＰで確認を。

DATA ☎045-671-7719（ポートサービス）料乗船１区間360円～時10～19時休無休（荒天時運休の場合あり）※2019年11月現在、臨時ダイヤで航行。乗船前にHPで航行時刻や料金をご確認ください

おさんぽにプラス♪

観光スポット周遊バス「あかいくつ」

ちょっぴりレトロな車体が街に似合う

JR桜木町駅を起点に、みなとみらい地区をめぐる「Mルート」と横浜中華街や山下公園方面をめぐる「Cルート」の２ルートで運行。乗車１回220円、お得な１日乗車券500円もある。DATA →P83

山下公園

バラの開花シーズンや夜景も人気

5 山下公園《やましたこうえん》

☎045-671-3648
（横浜市都心部公園担当）

MAP P120C1・2

バラの見ごろは例年５月中旬～６月中旬と10月中旬～11月上旬

横浜港沿いに約700m続く公園は、地元の人たちにも親しまれている憩いのスポット。園内にはベンチがたくさん設置されているので、ひと休みしながら港の景色を楽しんでみては。

DATA 住横浜市中区山下町279交みなとみらい線元町・中華街駅から徒歩3分料時休入園自由

馬車道にはステキなカフェも（→P90）

横浜中華街

グルメ&ショッピングが楽しい

4 横浜中華街《よこはまちゅうかがい》

☎045-681-6022（China Town80）

MAP P120C3

飲食店や雑貨・みやげ物店など500店舗以上がひしめく日本最大級のチャイナタウン。カラフルな看板や道を行き交う人たちから聞こえてくる中国語は異国情緒たっぷり。

DATA 住横浜市中区山下町交みなとみらい線元町・中華街駅から徒歩1分時休店舗により異なる

このエリアの散策にはたっぷり時間をとって！

中華街グルメ&おみやげはP86&88へ！

ソロタビPoint

名店の単品メニューを楽しもう

グループで利用すると、飲茶やコース料理を選ぶことが多いけれど、ひとりなら気軽に単品メニューを楽しめるメリットが。新しいおいしさを発見しましょう！

横浜中華街

旨みがギュッと詰まった絶品お粥

謝甜記 貳号店

しゃてんき にごうてん

☎045-664-4305 MAP P120C3・下図①

早朝から仕込みを始め、じっくり煮込んで仕上げるお粥が名物。21種類の具材やトッピングが揃うお粥は、ボリューム満点。季節限定で登場するお粥も楽しみ。

DATA 住横浜市中区山下町189-9 辰ビル1階 交みなとみらい線元町・中華街駅から徒歩3分 時月～金曜は8時30分～20時30分（金曜は～21時30分）、土曜は8時～21時30分、日曜は8時～20時30分※祝日は閉店時間に変動あり 休無休 カウンター席 なし

1昭和26年(1951)創業の中華粥専門店の2号店
2この「粥」の文字の下に連日行列ができる

お粥は普通サイズの半分量の「中碗」も選べるよ！

牛ハチノスが入った牛肚粥(ぎゅうもつかゆ)920円はネギ醤油をかけて

ランチは人気店の名物メニューを

ワンプレートグルメ@横浜中華街

横浜で食事をするなら、横浜中華街はやっぱりハズせない！
ひとりでサクッと楽しめて、味もコスパも大満足の名物メニューをご紹介。

什錦魚生粥(ごもくかゆ) 760円
じっくり煮込んだお粥にエビやイカ、パクチーなど具がたっぷり

Delicious!

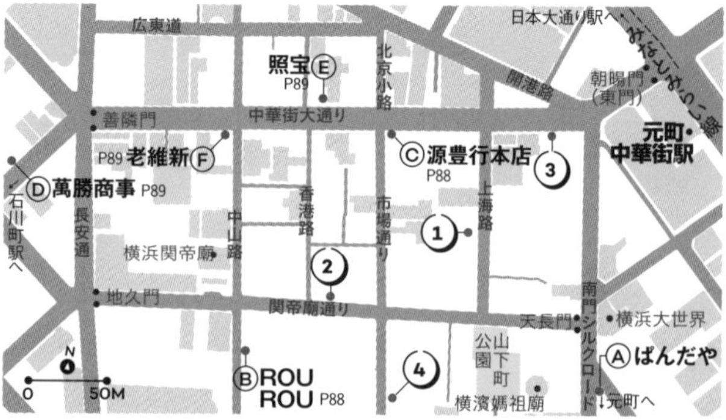

家族経営ならではの温かな雰囲気も魅力

牛バラ肉御飯 990円
牛バラ肉は箸でほぐせるやわらかさ。細かい肉が入ったあんも美味

横浜中華街

とろける牛バラ肉にファン急増中!

愛群《あいちゅん》

☎045-641-6245 MAP P121B3・P86②

広東料理をベースにした創作料理を提供。香辛料を利かせ、甘めに味付けした牛バラ肉は、ご飯との相性バツグン。リピーター続出の味、ぜひご賞味を！

DATA 住横浜市中区山下町138 交みなとみらい線元町・中華街駅から徒歩6分 時11時30分～14時、17～20時 休月曜（祝日の場合は翌日）

カウンター席 なし

横浜中華街

3つの味の担担麺をラインナップ

重慶茶楼 横浜中華街本店《じゅうけいさろう よこはまちゅうかがいほんてん》

☎045-681-0807 MAP P120C3・P86③

飲茶で知られる人気店をひとりで利用するなら、担担麺をチョイスすべし！自家製芝麻醤とラー油が香る赤いスープの担担麺913円に加え、黒と白のスープの担担麺も楽しめる。

DATA 住横浜市中区山下町185 交みなとみらい線元町・中華街駅から徒歩2分 時11～20時LO（金～日曜は～20時50分LO） 休無休

カウンター席 あり

ひとりでも気軽に利用できる2階のレストラン席

黒担担麺（手前）／白担担麺 各1018円
黒担担麺はたっぷりの黒ゴマで作るスープが風味豊か。白担担麺はまろやかな味わいのあとにピリリとした辛さが！

梅蘭焼きそば 946円
玉子を絡ませて焼く麺はパリパリ。牛肉や魚介入り餡もある

横浜中華街

名物麺のルーツは肉まん!?

梅蘭 市場通り店《ばいらん いちばとおりてん》

☎045-651-6695 MAP P120C3・P86④

看板メニューの梅蘭焼きそばは、オーナーのアイデア。豚肉やモヤシ、タマネギなどを炒めた具にアツアツの餡をかけ、カリッと焼き上げたそばがのせてある。

DATA 住横浜市中区山下町133-10 交みなとみらい線元町・中華街駅から徒歩7分 時11～15時、17～22時（土・日曜、祝日は11～22時） 休無休 カウンター席 なし

種類豊富な中国茶もぜひ味わって

中国っぽさ満点！ゆるカワグッズ＆本格中国食材＆調理器具

中華街でおみやげ探し

横浜中華街散策の締めくくりに手に入れたいのは、エキゾチックなチャイナみやげ。
縁起物やパンダグッズ、中華食材、食器など宝物探し気分で
ショップをはしごして、お気に入りを見つけよう。

パンダ
テッシュカバー
1980円

触り心地も抜群！

A
ぽってりとしたフォルムがかわいい、ぬいぐるみカバー

中国を代表する
柄の1枚

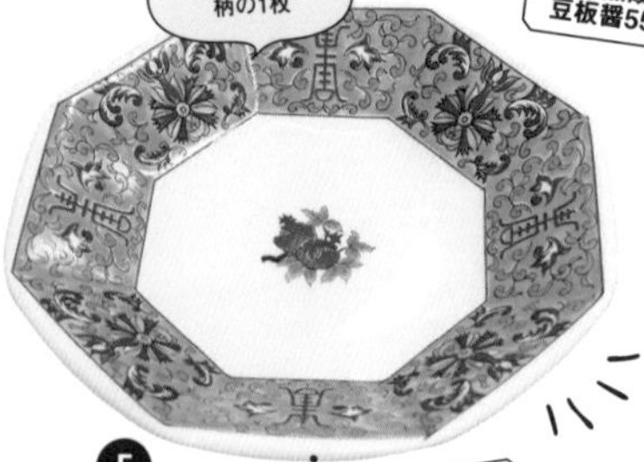

E
炒飯や焼売のほか、大皿料理の盛り付けにも使える。

八角皿
1500円

(左)金鈎豆板醤
380円
(右)熟成郫県
豆板醤550円

自分好みの辛さを
選べる

C
左は干しエビの旨みが出た辛くない豆板醤。右は熟成された辛み。

本場四川省産の
唐辛子

辣椒干216円
辣椒絲378円
辣椒粉324円

D
細切りや荒粉、さやなど辛さがクセになる唐辛子

アワビが香る
贅沢なソース

C
アワビの旨みがぎゅっと凝縮されたソース。

鮑魚醤870円

テレビ＆畳セット
1463円

A
畳に寝転がるパンダの置物。セットにより値段が異なる

パンダの寝姿が
ユーモラス

ROUROU
巾着1833円

B
大き目なので、バッグ内の整理や洋服の仕分けにも。

和服にも合う

中華街の味に家庭でも挑戦

C 源豊行本店《げんほうこうほんてん》

☎045-681-5172 MAP P120C3

中国料理店のシェフが利用することも多い中国食材の専門店。オリジナルの調味料シリーズから、珍しい食材まで豊富に揃う。

DATA 住横浜市中区山下町191交みなとみらい線元町・中華街駅2番出口から徒歩3分時10時30分～21時休水曜（祝日の場合は振替休業あり）

アジアの伝統的な柄をデザイン

B ROUROU《ろうろう》

☎045-662-0466 MAP P121B3

パリコレ出演経験のある元モデル・早園マキさんのブランド。「ネオアジア」がコンセプトのウェアや小物を展開。

DATA 住横浜市中区山下町130-11交みなとみらい線元町・中華街駅2番出口から徒歩8分時11～20時休第3木曜（祝日の場合は変動あり）

パンダに埋め尽くされたみやげ店

A ぱんだや《ぱんだや》

☎045-222-6488 MAP P120C3

300種類以上の品揃えを誇るパンダグッズ専門店。鏡、ポーチ、キッチンアイテムなど実用的でかわいい商品が豊富。

DATA 住横浜市中区山下町106交みなとみらい線元町・中華街駅2番出口から徒歩4分時10～18時30分（土曜は～19時30分、日曜、祝日は～19時）休不定休

イチゴや抹茶の味もあるよ

元祖パンダまん
350円

F

チョコカスタードがたっぷり入っている

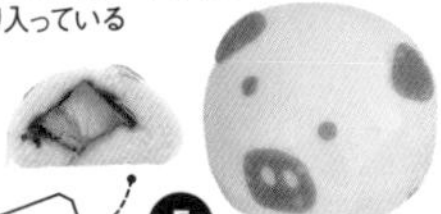

豚角煮まん
350円

F

甘辛く味付けした皮付き豚バラ肉入り

激辛＆辛さがクセになる

C

四川より辛いという湖南の特産品。直輸入の本場の味。

(左)激辛スイートチリソース400円、
(右)激辛唐辛子ピクルス300円

カラフルに揃えたい

れんげ
1個350円

E

おみやげに人気のパステルカラーのれんげ。

酸梅醤
648円

D

さっぱりとした酸みのある梅肉入りのタレ。

野菜や肉を味わってみて

長財布もあり

B

姫路特産の白なめし革に職人がひとつずつ絵付け。

蓮唐草城
なめし革がま口
1万1203円

A

ティーポットから顔を出すパンダがキュート。

コンパクトに収納できる

ぱんだTEA FOR TWO 2200円

酢やラー油用もある

E

醤油が液だれしにくい優れたデザイン。

醤油差し1900円
受け皿500円

吉祥柄キャンバスプリントポーチ
2648円

B

マチが大きく使い勝手がよい。色や柄は変更の場合あり。

大人っぽさが◎

茉莉花醤
1個648円

紅茶に入れるのもおすすめ

D

ジャスミンの花を煮詰めた甘い香りのジャム。

バラエティ豊かな中華街みやげ

F 老維新《ろういしん》

☎045-681-6811　MAP P121B3

パンダグッズや中華雑貨、風水グッズなどを販売するみやげ店。元祖パンダまんなど動物モチーフの中華まんが充実しており、そのかわいさから評判に。

DATA 住横浜市中区山下町145交みなとみらい線元町・中華街駅2・3番出口から徒歩５分時10時30分～20時45分 金・土曜、祝前日は～21時45分休無休

プロの料理人も認める調理器具

E 照宝《しょうほう》

☎045-681-0234　MAP P121B3

せいろや、中華街、中華包丁など、シンプルながら使い勝手のいい調理器具や食器を販売。家庭用の商品も充実。

DATA 住横浜市中区山下町150交みなとみらい線元町・中華街駅2番出口から徒歩４分時10時30分～20時30分休無休

オリジナルのジャスミンジャムが評判

D 萬勝商事《まんしょうしょうじ》

☎045-662-1694　MAP P121B3

調味料やスパイス、中国茶などさまざまな本場の食材を揃える。ジャスミンなどの花を使った自家製ジャム648円～も好評だ。

DATA 住横浜市中区山下町214 RIビル半地下1階交みなとみらい線元町・中華街駅2番出口から徒歩8分時11~19時休火曜(祝日の場合は営業)

※P88-89に掲載の商品は売切れの場合があります

ちょっぴりレトロが心地いい

異国情緒を感じるティールームへ

かつて外国人居留地があった横浜には、当時の面影を伝える洋館が点在。
おさんぽの途中、雰囲気のいいティールームでひと休みしませんか?

Romantic!
焼き菓子は売店でどうぞ(→P92)

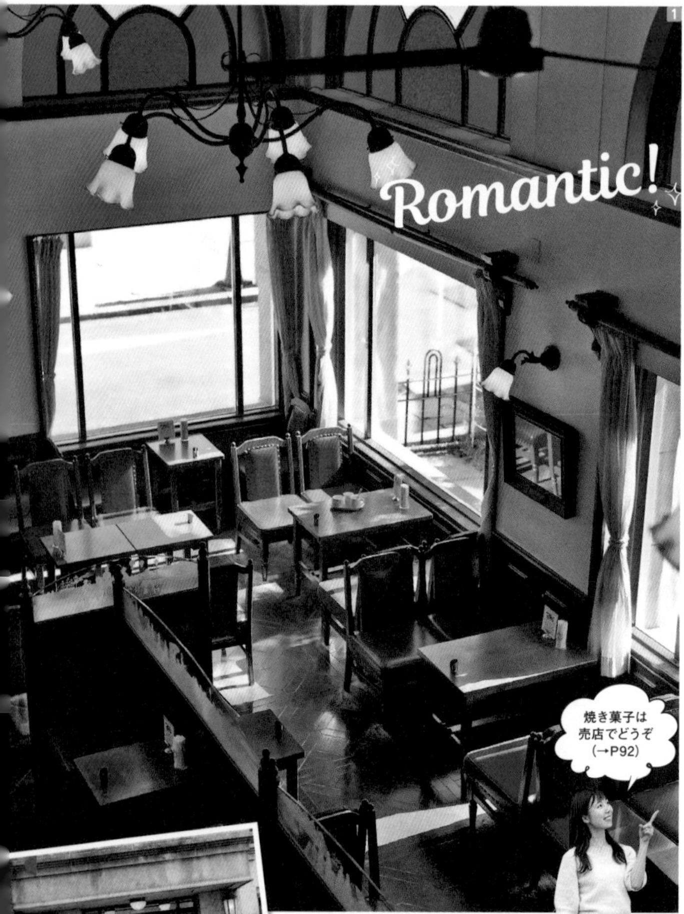

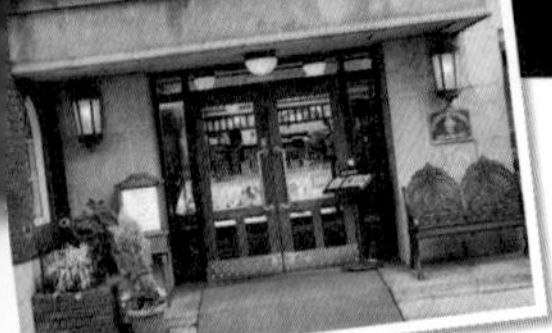

1 1階の喫茶室はステンドグラスをあしらった窓がかわいらしい 2 バターの風味豊かなビスカウト1枚172円～ 3 ランチには濃厚な味わいのハッシュドビーフライス1296円を 4 入口そばにはガス灯やレトロな電話ボックスが

ソロタビPoint

優雅な空間を満喫しよう

歴史ある建物を利用したカフェは、内装や調度も見ごたえたっぷり。自慢のスイーツを味わいながら、しばしタイムトリップを楽しんでみては。

馬車道

文明開化が香る馬車道きっての老舗

馬車道十番館

ばしゃみちじゅうばんかん

☎045-651-2621 MAP P121A2

明治の商館を模した建物はクラシックな雰囲気。1階の喫茶では十番館プディングロワイヤル990円をはじや十番館オリジナルブレンドコーヒー748円などを味わえる。DATA 住横浜市中区常盤町5-67 交横浜市営地下鉄関内駅から徒歩1分 時喫茶10～22時 休無休 カウンター席 喫茶にはカウンターなし

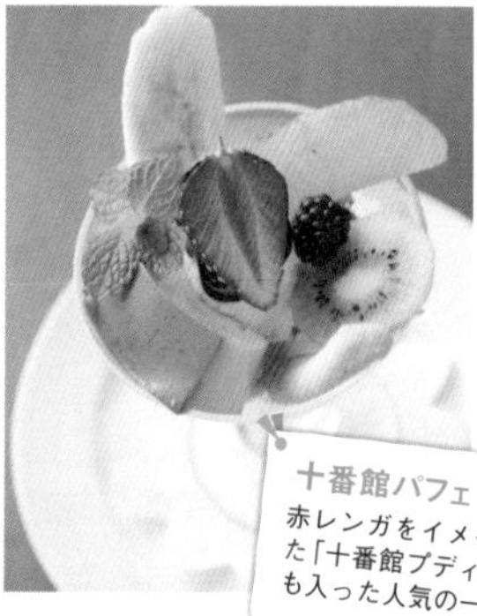

十番館パフェ 880円
赤レンガをイメージした「十番館プディング」も入った人気の一品

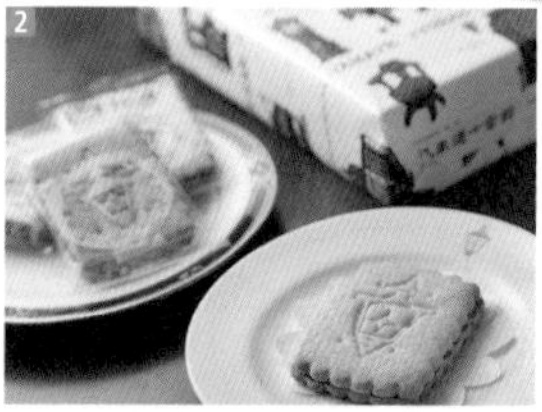

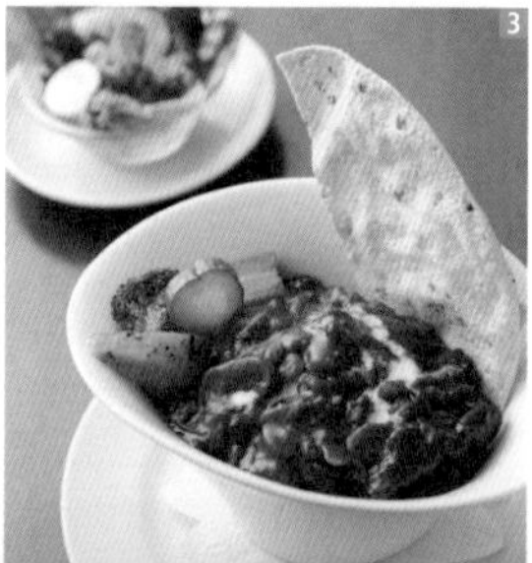

山下公園周辺

コンセプトは"記者たちの社交場"

CAFE de la PRESSE

かふぇ どぅら ぷれす

☎045-222-3348 MAP P121B2

横浜市認定の歴史的建造物の中にある。この建物が建った1930年代の、パリの記者たちが集まったカフェをイメージ。コーヒーにオレンジリキュールを加えた「裁判官たちのカフェ」740円など、遊び心あるメニューも。

DATA ▶ 住横浜市中区日本大通11 横浜情報文化センター2階 交みなとみらい線日本大通り駅に直結 時10時～19時30分LO 休月曜（祝日の場合は翌日） カウンター席 なし

ザッハトルテ 560円（手前）
カフェクレーム 620円
ザッハトルテ（価格は店内利用時）は濃厚な味わい

パリで買い付けたアンティーク家具が並ぶ

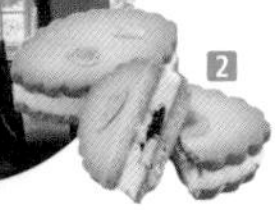

1英国様式の建物は白壁に赤い屋根がかわいらしい 2ダークチェリーが入ったチェリーサンド6個入り1782円 32階にはスイーツショップと個室がある

山手・元町

英国式カフェで優雅なティータイム

えの木てい 本店

えのきてい ほんてん

☎045-623-2288 MAP P120C4

昭和初期に建てられた洋館を利用したカフェ。木製の上げ下げ窓や暖炉など150年以上前のアンティーク家具が、古きよき時代を今に伝えている。ケーキの種類が多いのがうれしい。

DATA ▶ 住横浜市中区山手町89-6 交みなとみらい線元町・中華街駅から徒歩8分 時11～19時 休無休 カウンター席 なし

ケーキセット 1221円
ケーキは18種類から選べる。写真は薔薇の香るスイートロールケーキ

山手・元町

『赤い靴』のメロディを聴きながら…

山手十番館

やまてじゅうばんかん

☎045-621-4466 MAP P120C4

明治百年祭を記念して開館したカフェは、ガス灯やステンドグラスがノスタルジックな空間を演出。手作りスイーツを味わいながら、時計台から流れてくる名曲に耳を傾けてみて。 DATA ▶ 住横浜市中区山手町247 交みなとみらい線元町・中華街駅から徒歩6分 時11時30分～17時LO 休月曜（祝日の場合は翌日） カウンター席 なし

1ステンドグラスや天井のライトなどクラシカルムード満点 2外国人墓地の前。2階はフレンチレストラン

プリン・ア・ラ・モード 660円
昔ながらの製法で蒸し上げる定番メニュー。素朴な甘みがいい

人気店のスイーツ&キュートな雑貨

横浜おみやげセレクション

味もパッケージも素敵なスイーツと横浜らしいデザインの雑貨を厳選してご紹介。贈り物にも自分へのおみやげにもおすすめ！

Sweets

香りもさわやか〜

C

しっとりしたチーズケーキ生地の中にレモンの果肉が入り、さわやかな味わいを楽しめる。

日持ち 製造から約90日

横濱レモン 4個入り670円

ビスカウト 9枚入り1674円、12枚入り2268円

ガス灯のマークがポイント！

B

サクサク軽い食感のクッキーは、レモン、ピーナッツ、チョコレートの 3種類。

日持ち 製造から3カ月

ヴィーナスの誕生 60粒入り1188円、120粒入り2160円

キラキラ宝石箱みたい！

A

ヴィーナスと虹がモチーフのゼリー。天然果汁を使用した8種類の味を楽しめる。

日持ち 製造から3カ月

女の子のイラストは3種類

F

女の子が描かれたパッケージの中には、チョコレートと童謡『赤い靴』の歌詞カードが入っている。

日持ち 製造から1年

横浜チョコレート「赤い靴」 1足280円、3足セット842円

横浜港にかかる虹をイメージ

D

メープルラスクに、抹茶やフランボワーズなど7つ味わいのチョコレートをコーティング。

日持ち 製造から60日

横浜にじいろラスク 7枚入り1080円

SHOP LIST

独創性豊かなお菓子が評判

横浜駅

D プチ・フルール FOOD&TIME ISETAN YOKOHAMA
ぷち・ふるーる ふーど あんど たいむ いせたん よこはま

☎045-534-8027

MAP P119A1

創業以来、バター、牛乳、チョコレートなど、職人が認めた上質な素材のみを使用。

DATA 住横浜市西区南幸1-5-1 ジョイナス地下1階 交JR横浜駅西口直結 時10〜22時 休施設に準ずる

先代夫人のレシピを守る

山手・元町

C えの木てい 本店
えのきてい ほんてん

☎045-623-2288

MAP P120C4

1階はカフェ（→P91）、焼き菓子を中心とした売店は2階にある。伝統のレシピで作るパウンドケーキも人気。

DATA 住横浜市中区山手町89-6 交みなとみらい線元町・中華街駅から徒歩7分 時11〜19時(18時30分LO) 休無休

お店の前のガス灯が目印

馬車道

B 馬車道十番館
ばしゃみちじゅうばんかん

☎045-651-2621

MAP P121A2

1階が喫茶（→P90）売店。店前に立つ3本のガス灯は本物で、横浜の歴史を感じられる。

DATA 住横浜市中区常盤町5-67 交横浜市営地下鉄関内駅から徒歩1分 時10〜22時 休無休

素朴な味わいの洋菓子が人気

山下公園馬車道

A 横浜かをり 山下町本店
よこはまかをり やましたちょうほんてん

☎045-681-4401

MAP P121B2

現社長が作り上げた洋菓子が揃う。レーズンサンド（5個入り810円）も要チェック。

DATA 住横浜市中区山下町70 交みなとみらい線日本大通り駅から徒歩3分 時9〜19時(土曜は10時〜、日曜、祝日は12時〜) 休無休

Variety Goods

横浜赤レンガ倉庫限定!

横浜ハンカチ
各660円

G
大きめのドット柄に横浜らしい刺繍を施してある。布地も縫製もメイド・イン・ジャパン。

シックでおしゃれ

E
横浜を象徴する風物で、ブランド名「Felicia!」をデザイン。ほかに赤と白がある。

赤レンガ横浜ポーチ
1080円

夜景ジャガード
横長がま口　2090円

上質感ある作りが魅力

G
金糸を織り込んだジャガード生地に、みなとみらい地区の大観覧車など横浜の夜の景色をデザイン。

赤いくつの女の子
グリッターチャーム
2500円

揺れるたびにキラリ★

E
キラキラ&ゴージャスな赤いくつは、別売りのチャームでコーディネートしてあなたらしく(女の子や灯台のチャームは別売り)。

バレエシューズチャーム
2900円

リボンがキュート♥

E
大人気の赤い靴チャームにバレエシューズが登場。ちょっぴり大人のデザインがポイント。

やさしい香り〜

磯右ヱ門《いそえもん》SAVON《さぼん》
1個660円

H
約140年前に日本で初めて作られた国産石けんを、当時の型を使って忠実に復刻。

横浜らしいマリン柄♪

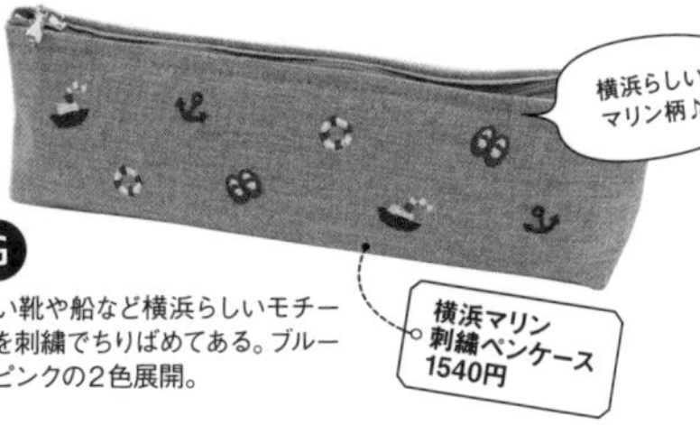

G
赤い靴や船など横浜らしいモチーフを刺繍でちりばめてある。ブルーとピンクの2色展開。

横浜マリン
刺繍ペンケース
1540円

船や海に関する品なら

山下公園周辺

H X-PORT
えくすぽーと

☎045-650-8210
MAP P118D4

船や海をモチーフにしたグッズや船の書籍など、港町ならではのアイテムを揃える。

DATA ㊟横浜市中区海岸通1-1-4 横浜港大さん橋国際客船ターミナル2階㊍みなとみらい線日本大通り駅から徒歩7分㊐10時30分〜19時30分㊡無休

(横浜赤レンガ倉庫へのアクセスは→P84へ)

日本製にこだわった品が並ぶ

横浜赤レンガ倉庫2号館2階

G Souvenir Gallery YOKOHAMA
すーべにーる ぎゃらりー よこはま

☎045-663-0555
MAP P118D4

バッグやがま口、ハンカチといった布製品が人気。横浜赤レンガ倉庫限定商品もお見逃しなく。

DATA ㊐11〜20時㊡無休

横浜らしいアイテムが充実

横浜赤レンガ倉庫1号館1階

F 赤レンガ[デポ]
あかれんが[でぽ]

☎045-650-8208
MAP P118D4

赤レンガをイメージしたカステラや、赤いくつの女の子をあしらったチョコレートなど、横浜らしさあふれるオリジナルグッズを多数扱う。

DATA ㊐10〜19時㊡無休

横浜赤レンガ倉庫限定品も豊富

横浜赤レンガ倉庫1号館1階

E Felicia!
ふぇりしあ!

☎045-263-9996
MAP P118D4

「Wearing Wish(思いを身に着ける)」をテーマにしたアクセサリー雑貨を販売する。チャームは自由に組み合わせてオリジナルアクセを作って楽しもう。

DATA ㊐10〜19時㊡無休

ソロさんぽの最後に訪れたい

港町・横浜を感じる珠玉のBarへ

**バー文化発祥の地ともいわれる横浜。
雰囲気のいいバーで横浜生まれのカクテルをゆっくりと味わいながら、
一日を締めくくってみては。**

ヨコハマ 1485円
ジンやウォッカにグレナデンシロップを加えて作る一杯は、横浜の港から見る美しい夕焼けを思わせる。

ソロタビPoint

お酒＋αで楽しんで

お酒の魅力を知り尽くしたバーテンダーから興味深い話を聞いたり、フードメニューが充実したお店で夕食代わりに利用したりと、あなたらしい楽しみ方を見つけてみよう。

山下公園

クラシックホテルで横浜生まれの一杯を

バー シーガーディアンⅡ

ばー しーがーでぃあん つー

☎045-681-1841（ホテルニューグランド）

MAP P120C2

「ヨコハマ」や「バンブー」など、横浜を代表するいくつかのカクテルは、ここがルーツ。重厚な雰囲気の英国調のオーセンティックバーで、自慢のオリジナルカクテルをゆっくり味わってみて。チャージなし。 DATA 住横浜市中区山下町10ホテルニューグランド本館1階 交みなとみらい線元町・中華街駅から徒歩1分 時17時～22時30分 休無休

カウンター席 あり

横浜生まれのカクテル

日本におけるバーの歴史は、万延元年（1860）、外国人居留地に開業した「ヨコハマホテル」内のバーがはじまりとされる。「ホテルニューグランド」のバー シーガーディアンⅡでは、「ヨコハマ」をはじめ、「バンブー」「ミリオン・ダラー」など、数々のカクテルが誕生し、今も多くの人に愛されている。

1俳優の石原裕次郎や松田優作も通ったといわれる名店 2バーテンダーの流れるような所作にも注目を

創業25年以上。カウンターの奥にもたくさんのボトルが

アメリカン・レモネード 1000円
レモネードと赤ワインで作る2層仕立てのビジュアルが美しい。アルコールはやや低めで飲みやすい。

フードは自家製ジェノベーゼ1400円もおすすめ

山下公園

ウイスキーのラインナップは秀逸

バー スリーマティーニ

ばー すりーまてぃーに

☎045-664-4833 MAP P120C2

オリジナルカクテルとウイスキーが自慢で、店内にはスコッチウイスキーを中心に1000本以上のボトルが並ぶ。特製カツサンド1800円をはじめ、フードが充実しているのも人気のヒミツ。カウンター席はチャージなし。
DATA ㊟横浜市中区山下町28-2 ライオンズプラザ山下公園104㊋みなとみらい線元町・中華街駅から徒歩3分 ㊐17時～24時30分（月曜は～23時30分、土曜は14時～、日曜は14時～23時30分）㊡不定休 カウンター席 あり

馬車道周辺

世界が認めたカクテルを味わえる

Bar Noble

ばー の一ぶる

☎045-243-1673
MAP P121A2

ヨーロッパの古城を思わせる重厚な外観を入ると、店内はアール・ヌーボー調にまとめられた上品な空間。ワールドカクテルコンペティション優勝カクテルのほか、季節のフルーツを使ったものも人気。チャージ800円。DATA ㊟横浜市中区吉田町2-7 VALS吉田町1階 ㊋JR関内駅から徒歩3分 ㊐18時～25時30分（フード23時LO、ドリンク25時LO）㊡無休
カウンター席 あり

グレートサンライズ 1500円
ブルーベリーやアサイーのフレーバーウォッカをベースに仕上げた華やかな一杯。女性にぴったり。

1女性ひとりでも入りやすい雰囲気でリピーターも多い 2オリジナリティあふれるカクテルをゆっくり味わいたい

ファッションブランド「TOMORROWLAND」の直営店

ラスト・キッス 1320円
ラムをベースに、ブランデーとレモンジュースで仕上げる一杯は、やや強めながらさわやかな口あたり。

フードメニューも評判。写真はポテトサラダ880円

馬車道

人気ファッションブランドが手がける一軒

PILGRIM 19th CLUB

ぴるぐりむ ないんてぃーんす くらぶ

☎045-201-7351 MAP P121A1

英国のセレクトショップを思わせる上質な空間ながら、フレンドリーなスタッフのもてなしに心安らぐ。貴重なアンティーク家具が配された空間で、オリジナルカクテル1320円～を味わいながら、くつろぎのひとときを。DATA ㊟横浜市中区弁天通5-70 地下1階 ㊋みなとみらい線馬車道駅から徒歩3分 ㊐17～25時（土曜は～24時）㊡土・日曜、祝日 カウンター席 あり

※ドリンク・フード代に、別途サービス料やチャージ代が必要な店舗があります。

必勝テクニック

楽しいソロタビを満喫するためには、事前のリサーチや手配、準備はしっかりと。
計画の立て方から持ち物、現地での行動術まで、ソロタビのポイントをアドバイス！

TECHNIQUE 1 プランニング & 予約

目的地を決めたら、旅の準備をスタート！ まずは何に乗って向かい、
どこに泊まるかの検討を。すべて自分好みにアレンジできる個人手配か、
リーズナブルで手軽なフリープランかの選択をしよう。

交通手段の決め方・選び方

オトク派のフリープラン こだわり派の個人手配

旅費を安く抑えられたり、ポイントが貯まったりとお得感が大きいのは、旅行会社が提供するパッケージツアーや宿泊プラン。観光はつかず、交通と宿泊だけがセットのシンプルなフリープランなら、旅程の自由度も高い。「出張プラン」や「おひとり様歓迎の宿」などのおひとり様向けプランがあるエリアもあるのでチェックしたい。

より気ままな旅程や宿選びにこだわるなら、交通手段と宿を別々に予約する、個人手配がよい。お得なレディースプランを設定するホテルもあるので上手に利用したい。

ポイントや注意点

個人手配
個人手配は思いのままに予定を組めるのが魅力だが、デメリットは、フリープランよりも高くつくこと。Web 予約やホテルの早期予約割引などを上手に利用したい。

フリープランなど
選択できる航空便や宿泊施設が限られているなど、プランにより異なるが、予約は出発の 7 日前～前日までのことが多い。また、変更・取消料が発生する時期も個別予約より早いなど、条件や制限があるので、よく確認してから申し込もう。1 名利用の設定がないフリープランもあるので、プランを選ぶ際には注意したい。

予算と時間で比較検討 高速バスやJRの予約サイトもチェック

東京・横浜までの交通手段は、新幹線や飛行機、高速バス。所要時間、料金、乗換えの利便性などを比較のうえ、旅行期間や予算に合わせて選択しよう。一般的には、飛行機⇨新幹線⇨高速バスの順に所要時間は長くなり料金は安くなる。各交通機関の早期予約やキャンペーン、JR 東日本・東海・西日本などの予約サイトなどで割安に手配できる場合もある。

ポイントや注意点

飛行機
早く予約するほど値段が安くなる「スーパーバリュー」（ANA）や「先得」（JAL）がある。発売期間は搭乗日の 75 ～ 25 日前まで。発売される座席数が限られているため、すぐに売り切れてしまう場合も。

新幹線の WEB 予約
東京・横浜への新幹線は、パソコンやスマホからの予約・決済が便利。JR 東海・山陽新幹線は「エクスプレス予約」、JR 東日本・JR 北海道は「えきねっと」、JR 西日本は「e5489」を利用。早めの予約でお得になるプランもある。

高速バス
運賃が安いうえ、路線によっては、2 座席を 1 人で使えるダブルシートや女性専用席を指定できるものもある。夜行便があるので時間を有効に使える。

ソロタビ

インターネット・通信環境

旅のおともは、やはりスマホ Wi-Fi 環境や充電スポットをチェック

近年は外国人旅行者の増加もあって、多くの宿泊施設で、Wi-Fi が無料で利用できる。宿で調べ物や充電をしておくと安心。観光や移動中に充電が不足することもあるので、モバイルバッテリーを持っていけば心強い。なお、携帯ショップのほか、一部のコンビニ、家電量販店、ネットカフェには、スマホの充電スポットを備えているところもあるので、事前にチェックしておくと便利。

現地での移動＋α

現地での移動は JR や地下鉄がおすすめ

東京は、路線の多い JR や地下鉄での移動が便利。ほとんどの路線は、10 分とあけずに次の電車が来るので、あわてて駆け込む必要はない。朝夕のラッシュアワーは、大きな荷物を持っての移動はなるべく避けたい。都心では駅と駅の間の距離が短く、ひと駅なら 10 分程度で歩ける場合もあるので徒歩も選択肢に入れてプランを立ててみよう。浅草～お台場エリア間の移動は、隅田川を運航する TOKYO CRUISE（P43）もおすすめ。急いでいる時や荷物が多い場合には、タクシーを利用してもいい。

横浜へは都心から JR や私鉄の利用で約 30 ～ 60 分。みなとみらい、元町、横浜中華街へは、横浜駅から、みなとみらい線の利用が便利。横浜駅とみなとみらい、山下公園(P85)を結ぶシーバス(P85・125)は、海から横浜の街を楽しめる。

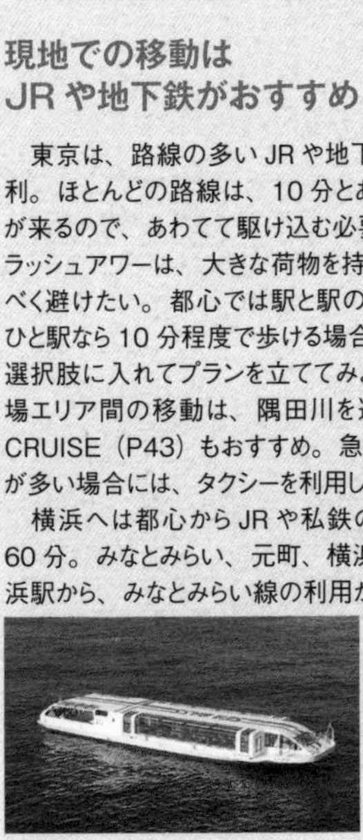
シーバス

宿の選び方

駅近や行きたいエリアのホテルを選ぶ

駅近のホテルがおすすめ。駅ナカや駅ビルには、ひとりでも気軽に入れる飲食店や営業時間が長い店も多く便利。チェーン展開しているホテルも多いので、自分の好みに合わせて探したい。周辺にコンビニや飲食店がないエリアもあるので、地図アプリなどで事前にチェックしておこう。大規模なイベントやコンサートが開催される場合や２月の受験シーズンは予約がとりにくいので早めに予約をしておきたい。

自分のスタイルに合ったホテルを選ぶ

東京・横浜には、さまざまなタイプの宿泊施設がある。シティホテルやビジネスホテルのほかに、デザイナーズホテル、本やマンガをテーマにしたコンセプトホテル、リーズナブルでおしゃれなカプセルホテルなど個性豊かなホテルもある。

ひとりの時間を楽しむなら、ホテルタイプが気ままに過ごせていい。旅行者同士の交流や情報交換を楽しみたいなら、ドミトリーやカプセルホテルなどシェア型ホテルがおすすめ。共有スペースに、シェアキッチンやおしゃれなカフェが入るホテルも。男女別のフロアや女性専用のドミトリーを持つホテルやカプセルホテルもあり、ソロタビでも安心。リーズナブルな料金で、長期滞在にも利用できる。

●ソロタビにおすすめのホテルは→ P78 へ

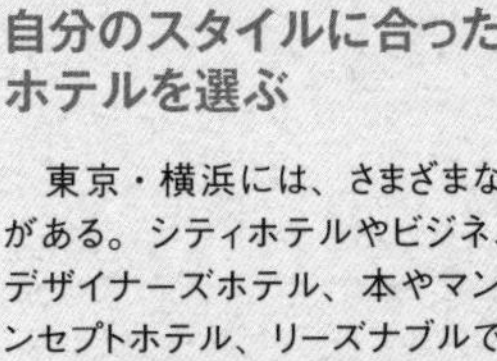

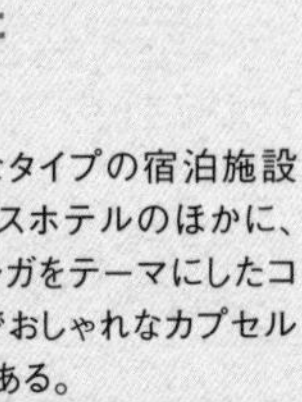

(上)スタイリッシュな共用スペースのラウンジでは交流も楽しめる。(右)プロジェクター付きやアート空間になっている客室も(写真は、The Millennials Shibuya P78)

TECHNIQUE 2

持ち物チェック!

身軽に出かけたいソロタビ。メインのバッグのほか、小型ガイドブックやペットボトルが入る程度のサブバッグを用意しておくと便利。

身軽が一番! パッキング術

POINT 1

メインバッグは極力小さく

盗難防止のためにも、キャリーバッグはトイレの個室にも入るサイズがおすすめ。荷物が少なければリュックスタイルもいい。

POINT 2

衣類は小さく丸める

衣類はたたまず1枚ずつ丸める方が、取り出しやすくたくさん入る。下着や靴下もまとめて入れずに小さく丸め、隙間を埋めるのに活用しよう。

POINT 3

こわれものは中央に

電化製品などこわれやすいものは、クッション代わりに衣類やタオルなどでくるんで真ん中に入れ、保護しておけば安心だ。

POINT 4

空きスペースを作っておく

買い物をして荷物が増えることも想定し、空きスペースを作っておこう。行き帰りはメインバッグごと宅配便で送ってしまうのもアリだ。

あると便利なもの

旅行に必要なマストアイテムと、あると便利なお役立ちグッズをご紹介。

その1 エコバッグ

買ったおみやげや脱いだ上着を入れたりと、何かと活躍する。現地で購入すれば、自分用のおみやげにもなる。

その2 除菌シート・ウエットティッシュ

食べ歩き時、手拭きは必需品。乗り物や食事処、宿の客室などで、ちょっとした汚れが気になる時にもひと拭きするとスッキリ。

その3 輪ゴム&ふせん

輪ゴムはお菓子の袋を留めたり小物をまとめるのに便利。ガイドブックに目印を付けたり、メモにしたりと、ふせんも役立つ。

その4 クリアファイル&レジ袋

チケットやパンフレット、レシートなどはクリアファイルに入れ持ち帰ろう。レジ袋はゴミ袋にも濡れた物を入れるのにも使える。

その5 マスク&のど飴&ストール

乗り物やホテルでの乾燥対策にマスク、のど飴、水などを用意。冷房対策や寒暖差への対応にストールを持ち歩きたい。

持ち物チェック一覧

メインバッグ

- □ 衣類
- □ 下着・靴下
- □ 羽織もの
- □ 洗面用具
- □ 化粧品
- □ 日焼け止め
- □ ハンドタオル/手ぬぐい
- □ 常備薬
- □ 折りたたみ傘
- □ ストール
- □ レジ袋

サブバッグ

- □ 現金・クレジットカード
- □ スマートフォンなど携帯端末
  充電器・モバイルバッテリー
- □ カメラ/充電池・充電器
- □ 帽子・サングラス
- □ ガイドブック
- □ ティッシュ
- □ ハンドタオル
- □ 筆記用具
- □ 飲みもの
- □ 健康保険証
- □ 身分証明書

TECHNIQUE 3

上手な旅のポイント

何でも自分のペースで気ままに楽しめるソロタビ。
充実した旅を安全に楽しむために知っておきたいポイントとは一。

ひとりでも困らない行動術

地図や乗換アプリで効率よく回ろう

JR や地下鉄の路線が多い東京では、乗換アプリを使って、効率よく動きたい。東京駅や新宿駅、横浜駅などのターミナル駅や乗り入れの多い地下鉄の駅では、路線によっては、乗換え時間が 10 分以上かかる場合もあるので要注意。また、出口を間違えると目的地まで遠回りすることになるので、どの出口が近いのかをチェックしておこう。

どうする？ ひとりごはん

東京・横浜では、ひとりでも気兼ねなく入れる飲食店やカフェ、バーが多い。ひとりでも利用しやすいのはカウンター席。駅ビルや駅ナカの飲食店は、時間がない時に便利。予約が必要な店や、ドレスコードがあるレストランもあるので、事前確認を忘れずに。デパ地下は、お弁当やお惣菜、スイーツの種類が豊富。買って帰って、ホテルの部屋で食べるもの気楽でいい。

便利＆お得な情報収集

観光の前に情報を集めよう

東京駅やバスタ新宿、新横浜駅、横浜駅など各ターミナルにはインフォメーションがある。周辺の地図やパンフレットが置いてあり、スタッフが観光スポットへのアクセスや周り方などをアドバイスしてくれるので、困った時には訪ねてみよう。荷物の一時預かりをしてくれるインフォメーションもある。

荷物を預けて、ラクラク観光

東京駅やバスタ新宿、新横浜駅などには、荷物の一時預かりサービスがある。利用する駅のコインロッカーを使うのもいい。同じ駅の複数カ所にコインロッカーがある場合も多いので、どこに入れたのかをよく確認しておこう。

東京駅や羽田空港などには、荷物を預けると宿泊先のホテルまで運んでくれたり、チェックアウト後にホテルから駅へ運んでおいてくれるキャリーサービスがある。利用できれば、旅の初日もチェックアウト後も重い荷物を持ち歩かずに済む。

乗り放題チケットを活用

23 区内の JR 線、東京メトロ・都営地下鉄などが一日中乗り放題になる東京フリーきっぷ、東京メトロ全線が 24 時間利用できる東京メトロ 24 時間券など、便利でおトクなきっぷをプランに合わせて上手に活用したい。

●便利でお得なチケット情報は→ P124 へ

防犯のための注意点

慎重な行動で、自分の身は自分で守る！

治安の良くない場所や通りを把握し、夜は極力通らないように。人込みでは、手荷物から目を離さないようにしよう。散策時は貴重品をなるべく持たず、ホテルのセーフティボックスに預けておくと安心。SNS への写真投稿は、詳細な位置情報を入れないように注意して。歩きスマホや地図を見ながら歩くのは危険なので、事前にチェックを。

TECHNIQUE 4

知っておきたい東京・横浜のキホン

何泊がいいの？ ベストシーズンは？ 何がマスト？ 東京・横浜ソロタビプランを計画したら、まずお出かけ前と、着いてから、知っておきたいコトをピックアップしてみました。

お出かけ前に…

イベントの多い東京、横浜は季節を問わず一年中楽しめる

一年中、色々なイベントが開催され、どの季節に訪れても楽しめる。フードフェスティバルやホビー系のイベントも多い。興味があれば予定に組み入れて、充実した旅をプランニングしたい。都心では代々木公園や日比谷公園などでイベントが開催されることが多いのでチェックしてみて。11月下旬からは、都内や横浜の各所がイルミネーションで彩られロマンチックな夜景を見ることができる。

東京・横浜の狙って行きたいイベント

- 3月下旬～4月中旬
  …桜（上野恩賜公園 P41、千鳥ヶ淵など）
- 5月第3金曜～日曜…浅草神社三社祭（浅草寺）
- 6月中旬…日枝神社山王祭（日枝神社 P48）
- 6月上旬…横浜開港祭（横浜赤レンガ倉庫 P84など）
- 7月9・10日…四万六千日・ほおずき市（浅草寺）
- 7月下旬土曜…隅田川花火大会
- 8月最終土曜…浅草サンバカーニバル
- 10月上旬…
  横浜オクトーバーフェスト（横浜赤レンガ倉庫 P84）
- 10月下旬…東京国際映画祭
- 11月中旬～12月上旬…
  明治神宮外苑のイチョウ並木（P40）
- 11月下旬～2月上旬…イルミネーション
  （六本木 P41、丸の内、新宿など都内各所、みなとみらい地区、横浜赤レンガ倉庫 P84など横浜市内各所）

※イベント内容は変更になることがあります。
※ 2020年は大幅な日程の変更が予想されます。詳細をご確認の上、お出かけください。

王道スポットを押えるなら半日～1日のバスツアーなどを

乗り物ツアー（P42）を利用すれば、効率よく観光ができる。はとバスには、主要な観光エリアを1日で網羅できるコースもある。スカイバス東京には、水陸両用バスを使ったユニークなツアーも。浅草とお台場方面を結ぶ隅田川のTOKYO CRUISEは、船から東京の街を楽しめる。

目的にもよるが1～2泊あるといいおすすめ

1泊2日でも楽しめるが、ゆとりのあるスケジュールを組みたい場合や、東京と横浜の複数エリアに行きたい場合には、2泊3日以上がおすすめ。ワークショップ（P6）やスパ（P76）を予定に入れる場合には、所要時間をよく考えて時間に余裕のある予定を組みたい。

港町の風情を感じられる横浜赤レンガ倉庫（P18・84）

WEBの事前予約で効率よく回ろう

コニカミノルタ プラネタリア TOKYO（P38）などの観光スポット、ワークショップ（P6）、レストランには、WEBなどで事前予約ができる所も多い。美術館やイベントなども、前売りチケットを購入しておくとよい。当日、チケット売り場に並ばずに入場できるため、時間の節約にもなる。前売りチケットや事前予約は割引になる場合も多いが、日時の変更ができなかったり、キャンセル料がかかることもあるので、確認しておきたい。人気のあるワークショップは受付開始と同時に満席になることもあるので要チェック。

話題のコニカミノルタ プラネタリア TOKYOも事前予約でスムーズに入館

国立新美術館（P5）の人気企画展は、チケット売場も長蛇の列に

東京、横浜に着いたら…

定番&話題のおみやげ探しは東京駅や羽田空港、横浜駅で

東京駅（P74）や羽田空港には、定番から限定品まで豊富なおみやげが揃う。どちらも広いので、帰りがけに買う予定なら、時間に余裕を持って向かおう。横浜みやげは、横浜駅周辺のデパ地下や横浜赤レンガ倉庫、中華街が充実している（P88・92）。

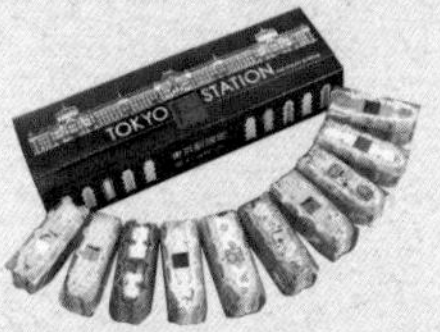

ワッフル・ケーキの店　エール・エルの東京駅限定ワッフル

フェアリーケーキフェアの東京ステーションビスケット

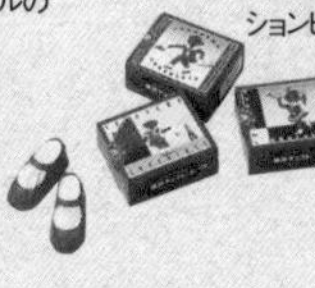

赤レンガ[デポ]の横浜チョコレート「赤い靴」

ひとりごはん

銀座や日本橋の洋食店（P32）、ひとりでも入りやすいカレーやラーメン（P12）がおすすめ。交通のアクセスがよい東京駅（P73）もひとりでも気軽に入れる店が多い。街歩きの合間に、おしゃれなカフェやコーヒーショップ（P52～）でひと休みするものいい。人気カフェは行列を覚悟して。夜は、ミュージックバー（P46）で楽しみたい。横浜では、中華街での食事（P86）がおすすめ。

一度は食べたいたいめいけんのタンポポオムライス（P33）

謝甜記 貳号店の絶品お粥（P86）

深夜のひとり歩きは避けよう

終電も遅く、夜遅くまで営業している店も多いが、人通りのない道での深夜のひとり歩きは避けた方が無難。バーの帰りや駅から離れたホテルに宿泊する場合には、タクシーを利用したい。また、昼間でも気軽に声をかけてくる人には気をつけたい。

主な発着地は、東京駅・羽田空港・バスタ新宿・新横浜駅

新幹線を利用する場合には、東京は東京駅（P72）のほか品川駅と上野駅、横浜は新横浜駅が起点。空路は東京、横浜ともに羽田空港。羽田空港から都心や横浜へは、東京モノレールや京急線、リムジンバスを利用して移動しよう。長距離バス・高速バスは、新宿駅南口のバスタ新宿と横浜駅から発着する路線が多い。

東京駅、羽田空港は、営業時間が長い飲食店やみやげ物店が多く、インフォメーションや手荷物の一時預かりや配送などのサービスも充実。到着や出発の際に活用したい。

東京駅丸の内駅舎はライトアップされる夜もおすすめ

開店時間や定休日を確認して行動しよう

デパートや横浜のショップは10時～10時30分開店が主流。都心のショップは11時開店が多く、夜は20～21時まで営業する店が多い。飲食店は22～23時ごろまで。また、浅草や銀座の老舗の中には土・日曜、祝日が定休日という店や、お盆の時期には、休業する飲食店も多いのでお目当ての店があれば事前に確認を。駅ナカや駅ビル、カフェなどは、早朝や夜遅く営業する店も。

約240もの店舗が入る、銀座エリア最大級の商業施設、GINZA SIX（P30）

中央環状線
草加駅へ
金町駅へ
京成金町駅へ
北総線
東松戸駅へ
綾瀬駅
加平ICへ
足立区
小菅駅
葛飾区
松戸市
柴又駅
矢切駅
市川大野駅
日暮里・舎人ライナー
P81 グランパーク・インN北千住
北千住駅
京成高砂駅
新柴又駅
東京外環自動車道
武蔵野線
中里駅
尾久駅
町屋駅
牛田駅
京成電鉄本線
堀切駅
青砥駅
京成電鉄本線
市川西
京成小岩駅
荒川区
千住大橋駅
京成関屋駅
東武伊勢崎線
京成押上線
江戸川駅
市川市
田端駅
新三河島駅
南千住駅
京成立石駅
国府台駅
西日暮里駅
三河島駅
鐘ヶ淵駅
四ツ木駅
小岩駅
市川真間駅
谷中・根津・千駄木 P63
日暮里駅
つくばエクスプレス
6号向島線
八広駅
菅野駅
船橋法典駅
鶯谷駅
東向島駅
市川駅
総武線
京成八幡駅
キノーズ・マンハッタン・ニューヨーク P11
台東区
P116-117 上野・浅草
総武線
鬼越駅
東京ドーム天然温泉 Spa LaQua P76
ラーメン大至 P13
曳舟駅
京成曳舟駅
市川中央
京成中山駅
上野駅
墨田区
本八幡駅
東中山駅
御茶ノ水駅
浅草駅
押上駅
小村井駅
新小岩駅
京成西船駅
御徒町駅
RAKU SPA 1010 神田 P77
とうきょうスカイツリー駅
東あずま駅
江戸川大橋
下総中山駅
1号上野線
平井駅
京葉市川
西船橋駅
水道橋駅
秋葉原駅
両国駅
錦糸町駅
亀戸水神駅
京葉道路
原木中山駅
原木
MANGA ART HOTEL, TOKYO P81
亀戸駅
荒川大橋
市川南
千代田区
7号小松川線
江戸川区
妙典駅
湾岸市川
皇居
FACTORY P10
P104-105 東京駅
東大島駅
モクシー東京錦糸町 P81
二俣新町駅
東京駅
貨物線
都営新宿線
行徳駅
市川大橋
有楽町駅
江東区
木場公園
船堀駅
市川市
GLASS-LAB P6
中央環状線
南行徳駅
P79 MAYU TOKYO WOMAN
LYURO 東京清澄 P80
野鳥の楽園
中央区
浦安駅
新橋駅
西葛西駅
葛西駅
市川塩浜駅
汐留駅
P106-107 銀座
パークホテル東京 P80
潮見駅
荒川湾岸橋
浜松町駅
竹芝駅
豊洲駅
9号深川線
環七通り
水陸両用バス SKY Duck台場(豊洲東京Viewコース) P42
日の出駅
辰巳の森海浜公園
新浦安駅
有明北緑道公園 P40
豊洲市場
湾岸線
新木場駅
葛西臨海公園駅
レインボーブリッジ
葛西臨海水族園
舞浜駅
東雲駅
葛西海浜公園
有明駅
浦安市
お台場海浜公園駅
東京港
若洲Gリンクス
東京ディズニーリゾート
台場駅
東京テレポート駅
若洲海浜公園
ゆりかもめ
青海駅
森ビル デジタルアートミュージアム:エプソン チームラボボーダレス P39
ディズニーリゾートライン
東京港トンネル
東京港フェリーターミナル
若洲公園キャンプ場
お台場SKYツーリストインフォメーションセンター(水陸両用バス SKY Duck台場乗り場) P42
お台場海浜公園 P40
東京ゲートブリッジ
横丁駅
フジテレビ本社ビル P44
品川区
湾岸線
東海道貨物線
伊豆諸島・小笠原へ
徳島・新門司へ
空港北トンネル
湾岸線
第2旅客ターミナル
ビッグバード
羽田空港
羽田空港国内線ターミナル駅
稲荷駅
国際線旅客ターミナル
羽田空港国際線ターミナル駅
東京湾
6号川崎線
多摩川トンネル
島新田駅
川崎浮島JCTへ
N
0
2km

東京中心図

東京中心図
所沢ICへ
美女木JCTへ
川越へ
成増駅へ
美女木JCTへ
赤羽駅へ
大泉
練馬
大泉学園駅
練馬区
ときわ台駅
中板橋駅
十条駅
東武東上線
環八通り
埼京線
下板橋駅
王子
254
大山駅
板橋区
板橋駅
所沢駅へ
保谷駅
西武池袋線
石神井公園駅
豊島園駅
P39 コニカミノルタプラネタリウム"満天"in Sunshine City
P39 サンシャイン水族館
練馬高野台駅
西東京市
桜台駅
練馬駅
中村橋駅
江古田駅
サンシャインシティ
大塚駅
富士見台駅
P76 タイムズ・スパ・レスタ
新青梅街道
西武柳沢駅
東伏見駅
武蔵関駅
豊島区
池袋駅
東池袋駅
東長崎駅
上井草駅
井荻駅
椎名町駅
田無駅
上石神井駅
青梅街道
鷺ノ宮駅
都立家政駅
中野通り
小平駅へ
西武新宿線
下井草駅
目白駅
武蔵野市
中野区
野方駅
山手線
文京区
五日市街道
早稲田通り
明治通り
Cafe de Peru
P8
新井薬師前駅
高田馬場駅
善福寺公園
井ノ頭通り
阿佐ヶ谷アニメストリート
吉祥寺 P71
東中野駅
中央線
阿佐ヶ谷駅
高円寺駅
中野駅
吉祥寺駅
新大久保 P58
東小金井駅
西荻窪駅
荻窪駅
大久保駅
新大久保駅
武蔵境駅
三鷹駅
中央環状線
西武新宿駅
新宿区
国分寺駅へ
井の頭公園
井の頭公園駅
杉並区
環七通り
東京都庁
BRENTWOOD TERRACE
P57
三鷹台駅
新宿駅
三鷹市
京王井の頭線
久我山駅
P114-115 新宿
四ツ谷駅
高井戸駅
浜田山駅
代々木駅
富士見ヶ丘駅
P35 国立競技場
高井戸
参宮橋駅
信濃町駅
西永福駅
永福町駅
4号新宿線
渋谷区
P110-111 表参道
明治神宮外苑
中央自動車道
芦花公園駅
八幡山駅
笹塚駅
原宿駅
飛田給駅
千歳烏山駅
桜上水駅
代田橋駅
P78 NADESHIKO HOTEL SHIBUYA
Megan bar&pâtisserie P53
京王線
上北沢駅
明大前駅
稲城ICへ
調布
下高井戸駅
京王井の頭線
渋谷駅
甲州街道
仙川駅
CAFE VANNIER P9
下北沢駅
池ノ上駅
神泉駅
P108-1
六本木
西調布駅
つつじヶ丘駅
環八通り
梅ヶ丘駅
調布市
20
柴崎駅
経堂駅
豪徳寺駅
P112-113 渋谷
布田駅
東急世田谷線
P6 marmelo
P57 レ・グラン・ザルブル
港区
調布駅
国領駅
千歳船橋駅
代官山駅
恵比寿駅
矢野口駅
京王多摩川駅
狛江通り
小田急小田原線
三軒茶屋駅
中目黒駅
3号渋谷線
2号目黒線
祖師ヶ谷大蔵駅
恵比寿・代官山・中目黒 P14・24
成城学園前駅
祐天寺駅
世田谷通り
高輪ゲートウェイ(2020年春開業)
狛江市
稲田堤駅
喜多見駅
世田谷区
目黒駅
京王よみうりランド駅
中野島駅
狛江駅
学芸大学駅
五反田駅
南武線
和泉多摩川駅
東名高速道路
駒沢オリンピック公園
不動前駅
東京
大崎駅
大崎広小路駅
登戸駅
駒沢通り
目黒区
東急池上線
東急東横線
東急目黒線
向ヶ丘遊園駅
都立大学駅
戸越銀座駅
品川区
荏原中延駅
二子玉川駅
上野毛駅
百合ヶ丘駅
東京・横浜位置関係図
足立区
豊島区
東京都
江戸川区
新宿区
渋谷区
東京
港区
世田谷区
品川
東京
大田区
羽田空港
JR東海道線
川崎市
新横浜
東京湾
東海道新幹線
横浜
P118-119
横浜市
P120-121
神奈川県
横浜
N
0
10km
自由が丘駅
大岡山駅
北千束駅
二子新地駅
東急大井町線
P35 スポル品川大井町
下神明
大井町駅
玉川
奥沢駅
洗足池公園
旗の台駅
中延駅
409
多摩川橋
西大井駅
武蔵溝ノ口駅
田園調布駅
洗足池駅
立会川
京浜川崎
石川台駅
高津区
雪が谷大塚駅
等々力緑地
多摩川駅
大森駅
武蔵新城駅
沼部駅
御嶽山駅
大森海岸駅
中原区
大田区
1
新丸子駅
東急多摩川線
武蔵中原駅
久が原駅
平和島駅
鵜の木駅
武蔵小杉駅
千鳥町駅
大森町駅
向河原駅
東急池上線
京浜急行本線
下丸子駅
池上駅
蒲田駅
武蔵新田駅
元住吉駅
蓮沼駅
横須賀線
平間駅
矢口渡駅
京急蒲田駅
第三京浜
環八通り
東海道本線
15
日吉駅
京浜急行空港線
新川崎駅
鹿島田駅
雑色駅
東急東横線
東海道新幹線
南武線
横浜市営地下鉄グリーンライン
幸区
矢向駅
六郷土手駅
港北区
京浜急行大師線
綱島駅
鶴見区
1
川崎駅
409
川崎大師
横浜市
横浜駅へ
京急川崎駅
緑区
A
B
B
新横浜駅へ
横浜駅へ
川崎区
132
横浜町田ICへ
中山駅へ
保土ヶ谷ICへ
新横浜駅へ
横浜駅へ

常盤小
神田駅へ
三井ガーデンホテル日本橋プレミア
上野出口へ
小伝馬町駅へ
堀留町
アパホテル
人形町駅北
江戸通り
COREDO室町テラス
P31
新常盤橋
A10（藤越ビル口）
A9
福徳神社
昭和通り
日本橋小舟町局
日本橋保健センター
人形町通り
東京メトロ日比谷線
A8（三井B口）
三越前駅
扶桑日本橋ビル
マンダリンオリエンタル東京
日本銀行
A6（三井C口）
COREDO室町2
本町2
本町
東横イン日本橋三越前A4
COREDO室町1
P33
千疋屋総本店 日本橋本店
フルーツパーラー
出世稲荷神社
A7（三井A口）
三井記念美術館
スマイルホテル日本橋三越前
A5（三越A口）
COREDO室町3
1号上野線
A5
人形町駅
A6
常盤橋公園
日本橋三越本店
三越劇場
住庄ほてる
ホテル日本橋サイボー
日銀貨幣博物館
A3（三越B口）
B1
常盤橋
三越新館
A1（日本橋口）
立石本町ビル
水天宮前駅へ
B2
本石町1
B3
A2（三越C口）
金座通り
東京メトロ半蔵門線
hotel zen tokyo
P78
東洋経済ビル
B4
小舟町
日本橋北詰
日本橋小
呉服橋
江戸橋北
B5
B6
江戸橋出口
江戸橋JCT
東京メトロ東西線
国分ビル
日本橋船着場
野村證券本社
小網神社
江戸橋南
B10
呉服橋
パールホテル八重洲
江戸橋
A1
日本橋御幸ビル
東横イン日本橋人形町
ル龍名館東京
A3
八重洲1
江戸橋ビル
日本橋局
銀杏八幡宮
人形町駅へ
日本橋駅
A7
B9
爪の博物館
たいめいけん
P33
江戸橋ビルディング
東京証券取引所
日本橋小網町局
外堀通
A6
B12
B7
B10
C1
COREDO日本橋
日本橋
B8
B5
東京建物八重洲ビル
B6
C2
へんてるビル
C3
C5
D4
C4
証券取引所前
日本橋南局
B0
東京日本橋タワー
D2
成城石井
八重洲ターミナルホテル
C6
D3
日本橋プラザビル
江戸橋1
永代通り
J&Sビル
D1
明徳稲荷神社
日本橋三丁目第三
B2
B4
日本橋髙島屋S.C.
P31
B1
B3
都心環状線
箱崎JCTへ
摂社山王日枝神社
茅場町
11
10
12
9
日本橋2
大原稲荷神社
中央署
茅場町駅
8
7
中央通り
昭和通り
茅場町1
6
第二証券会館
4a
5
3
4b
阪本小
八重洲
日本橋3
中央区
八重洲ダイビル
都営浅草線
センターホテル東京
東京メトロ銀座線
ブレッソイン東京駅八重洲
スマイルホテル東京日本橋
八重洲通り
日本橋茅場町局
門前仲町駅へ
朝日ビル
2
平成通り
KPP八重洲ビル
京橋1
宝町
三井ガーデンホテル京橋
八重洲MIDビル
鈴らん通り
ホテルリブマックス茅場町
京橋2
宝町ランプ入口
宝町ランプ出口
コートヤード・バイ・マリオット東京ステーション
八丁堀2
玉圓寺
霊岸島
浦島館
味の素本社
ヤブ原ビル
an/other TOKYO
P78
中央八丁堀局
相鉄フレッサイン東京京橋
八丁堀
A5
A8
A7
天祖神社
A4
葉線
新木場駅へ
A6
宝町駅
A5
A2
浜崎橋JCTへ
築地駅へ

東京駅・丸の内・日本橋

N
0 100m
竹橋駅へ
神保町駅へ
新御茶ノ水駅へ
淡路町駅へ
神田駅へ
神田橋JCTへ
大手町フィナンシャルシティグランキューブ
星のや東京
平将門首塚
東京サンケイビル
読売新聞東京本社
大手町
大手町局
大手町パークビル
大手町駅
東京メトロ半蔵門線
JFE商
大手町ビル
大手門タワー・JXビル
大手センタービル
大手町ファーストスクエアEAST
大手町ファーストスクエアWEST
アーバンネット大手町ビル
AMAN TOKYO
大手町タワー
大手町野村ビル
宮内庁病院
宮内庁三の丸尚蔵館
大手濠
大手高麗門
大手門
百人番所
皇宮警察本部
皇宮警察本部旧枢密院
パレスビル
パレスホテル東京
大手町駅前
新大手町ビルヂング本館
総武快速線
東北・上越新幹線
日本ビル
朝日生命大手町ビル
大手町駅
桔梗濠
内堀通り
和田倉濠
iiyo!!
新丸の内センタービル
桔梗門
巽櫓
和田倉噴水公園
日比谷通り
丸の内オアゾ
ホテルメトロポリタン丸の内
日本橋口
和田倉噴水公園レストラン
P74 グランスタ
ザ・ロビーラウンジ P73
新丸ビル
東京海上日動ビルディング本館
東京駅
東京駅丸の内北口
シャングリ・ラ ホテル 東京
和田倉門
東京ステーションギャラリー
丸の内北口
行幸通り
東京ステーションホテル
大丸東京 P75
東京駅中央口
東京駅丸の内駅舎
八重洲北口
郵船ビル
丸の内中央口
東京駅一番街 P74
東京みやげセンター
東京おかしランド
東京ラーメンストリート
にっぽん、グルメ街道
皇居外苑
東京駅中央口
東京駅
丸ビル
エキュート東京 P75
東京駅 P72
三菱商事ビル
丸の内仲通り
千代田区
馬場先濠
都営三田線
丸の内三井ビル
丸の内南口
八重洲中央口
スカイバス東京チケットカウンター(乗り場) P43
二重橋前駅
東京駅南口
八重洲中央口前
ビジネスホテルハイマー
丸の内仲通りビル
東京中央局
グランルーフ
グランルーフフロント
JPタワー
JPタワー「KITTE」P73
八重洲南口
千代田線
東京メトロ
丸の内MY PLAZA
屋上庭園「KITTEガーデン」P17
エキュート京葉ストリート P75
二重橋前
東京中央郵便局
はとバス東京営業所 P43
丸の内ブリックスクエア
明治生命館
グラントウキョウサウスタワー
P4 Cafe 1894
COTTON CLUB P47
ユニゾ八重洲ビル
三菱一号館美術館 P4
東京メトロ丸ノ内線
馬場先門
フォーシーズンズホテル丸の内 東京
楠正成像
丸の内二重橋ビル
東京国際フォーラム西
東京国際フォーラム東
丸の内出口
八重洲三井ビル
京橋エドグラン
楠公レストハウス
新東京ビル
相田みつを美術館
東海道新幹線
山手線
鍛冶橋
桜田門駅へ
日比谷駅
帝国劇場
丸の内3
日東紡ビル
東京メトロ有楽町線
新国際ビル
東京国際フォーラム
丸の内署
国際興業本社ビル
京橋
日比谷濠
日比谷駅
有楽町駅
銀座駅へ
東京スクエアガーデン
内幸町駅へ
新有楽町ビル
品川駅へ
銀座駅へ

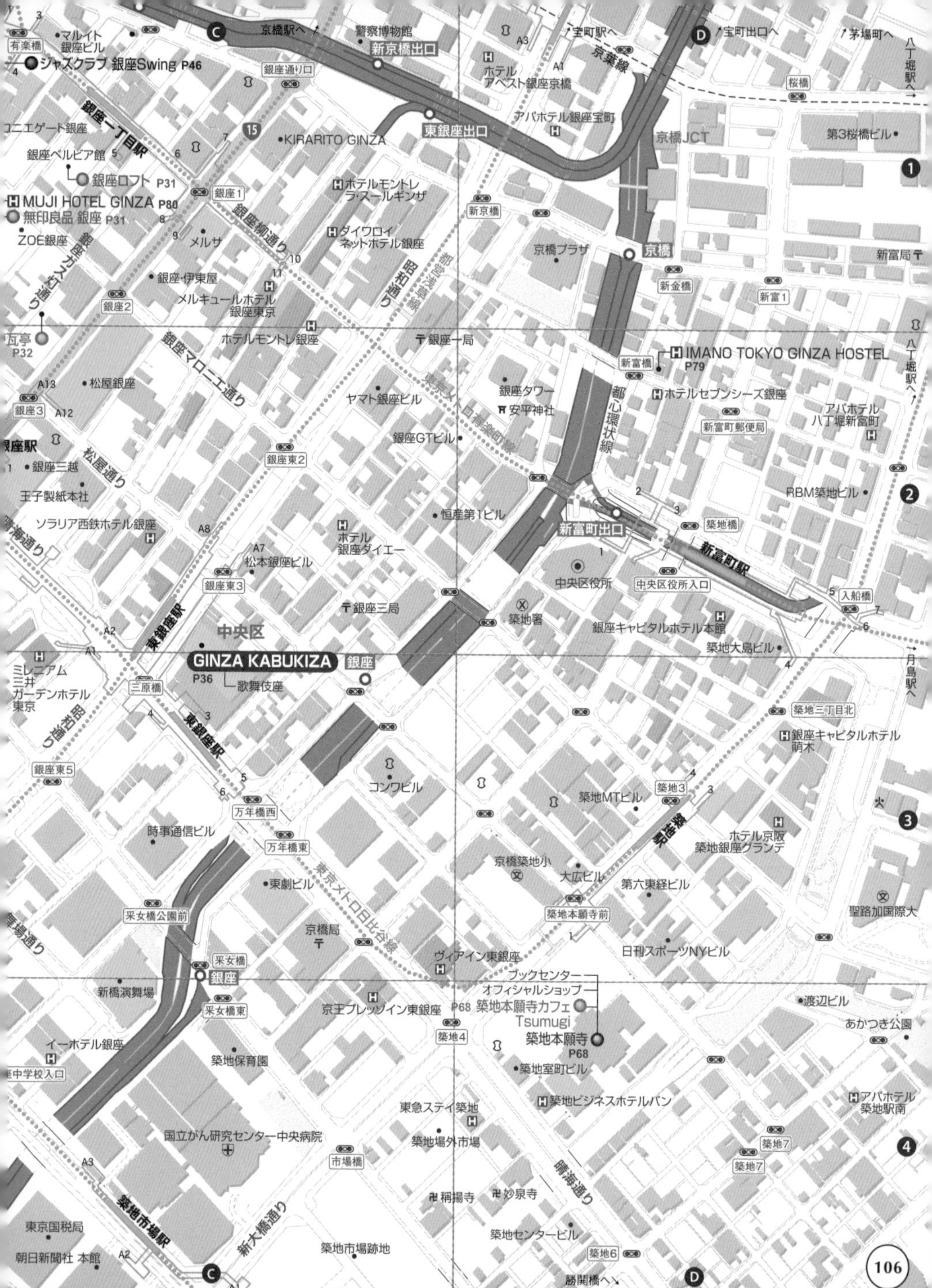

有楽橋
マルイト銀座ビル
ジャズクラブ 銀座Swing P46
京橋駅へ
警察博物館
新京橋出口
宝町駅へ
宝町出口へ
茅場町へ
八丁堀駅へ
京葉線
銀座通り口
ホテルアベスト銀座京橋
桜橋
銀座一丁目駅
ユニエゲート銀座
銀座ベルビア館
銀座ロフト P31
MUJI HOTEL GINZA P80
無印良品 銀座 P31
ZOE銀座
東銀座出口
KIRARITO GINZA
アパホテル銀座宝町
京橋JCT
第3桜橋ビル
銀座1
ホテルモントレ ラ・スールギンザ
新京橋
ダイワロイネットホテル銀座
メルサ
銀座柳通り
銀座ガス灯通り
京橋プラザ
京橋
新富局
銀座・伊東屋
メルキュールホテル銀座東京
昭和通り
都営浅草線
新金橋
新富1
銀座2
瓦亭 P32
ホテルモントレ銀座
銀座一局
銀座マロニエ通り
東京メトロ有楽町線
新富橋
IMANO TOKYO GINZA HOSTEL P79
松屋銀座
A13
A12
銀座3
ヤマト銀座ビル
銀座タワー
安平神社
都心環状線
ホテルセブンシーズ銀座
アパホテル八丁堀新富町
新富町郵便局
銀座駅
銀座三越
松屋通り
銀座東2
銀座GTビル
王子製紙本社
RBM築地ビル
ソラリア西鉄ホテル銀座
A8
恒産第1ビル
ホテル銀座ダイエー
新富町出口
築地橋
晴海通り
A7
松本銀座ビル
新富町駅
中央区役所
中央区役所入口
銀座東3
銀座三局
築地署
入船橋
東銀座駅
中央区
銀座キャピタルホテル本館
築地大島ビル
月島駅へ
A2
A1
ミレニアム三井ガーデンホテル東京
GINZA KABUKIZA
P36
歌舞伎座
銀座
三原橋
昭和通り
築地三丁目北
銀座キャピタルホテル萌木
銀座東5
コンワビル
築地3
築地MTビル
万年橋西
時事通信ビル
築地駅
ホテル京阪築地銀座グランデ
万年橋東
京橋築地小
大広ビル
第六東経ビル
東劇ビル
東京メトロ日比谷線
築地本願寺前
聖路加国際大
采女橋公園前
京橋局
築地場通り
日刊スポーツNYビル
ヴィアイン東銀座
采女橋
新橋演舞場
ブックセンター
オフィシャルショップ
築地本願寺カフェ Tsumugi
P68
渡辺ビル
京王プレッソイン東銀座
采女橋東
築地4
築地本願寺
P68
あかつき公園
イーホテル銀座
築地保育園
築地室町ビル
中学校入口
築地ビジネスホテルパン
アパホテル築地駅南
東急ステイ築地
国立がん研究センター中央病院
築地場外市場
築地7
A3
市場橋
晴海通り
築地市場駅
稱揚寺
妙泉寺
東京国税局
新大橋通り
築地センタービル
築地市場跡地
築地6
朝日新聞社 本館
A2
A1
勝鬨橋へ

銀座・有楽町・新橋

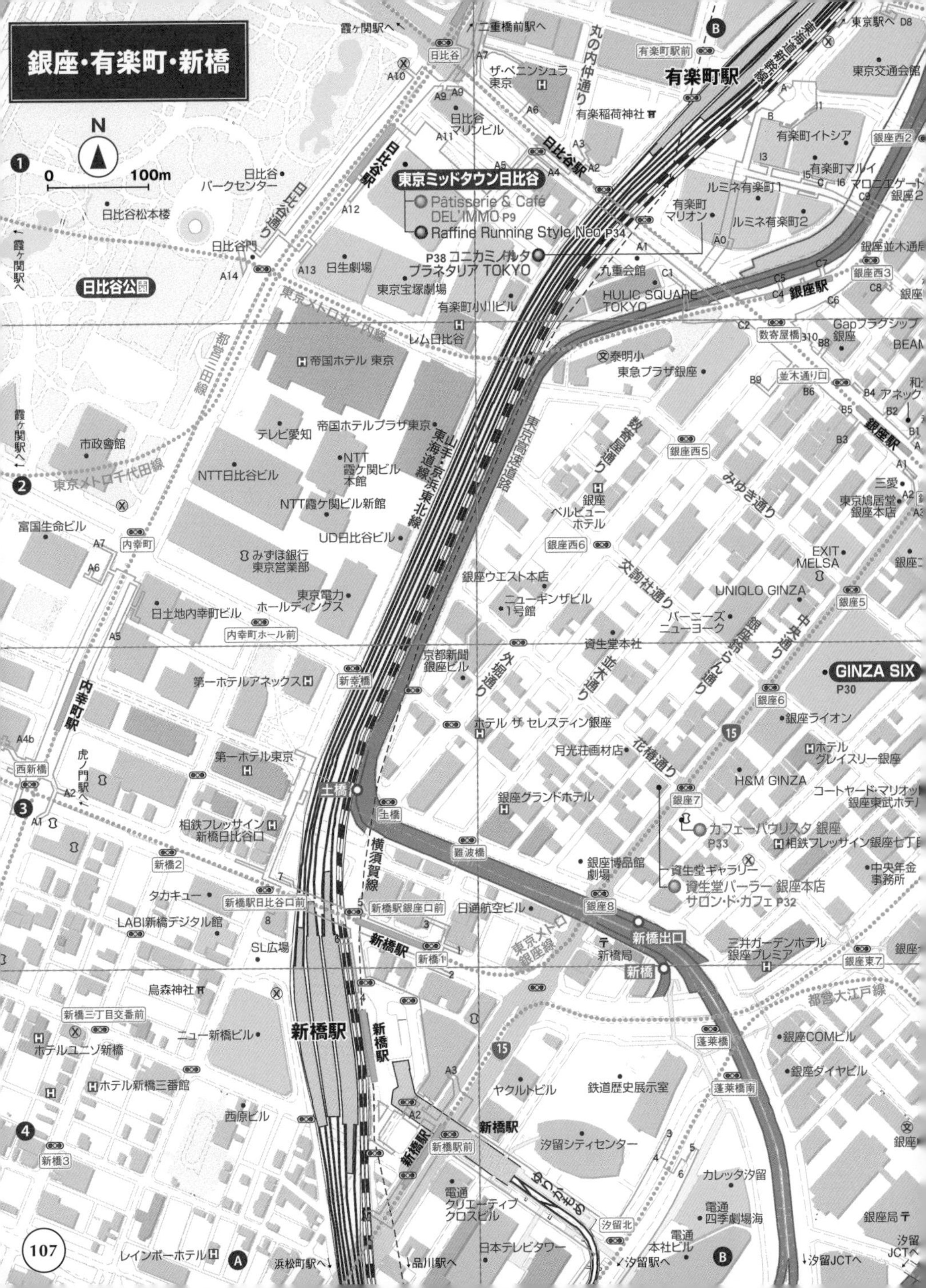
N
0 100m
霞ケ関駅へ
二重橋前駅へ
日比谷
ザ・ペニンシュラ東京
丸の内仲通り
有楽町駅前
有楽町駅
東海道新幹線
東京駅へ D8
東京交通会館
有楽稲荷神社
日比谷マリンビル
日比谷駅
日比谷通り
日比谷パークセンター
日比谷松本楼
日比谷門
日比谷公園
東京ミッドタウン日比谷
Pâtisserie & Café DEL'IMMO P9
Raffine Running Style Neo P34
P38 コニカミノルタプラネタリア TOKYO
日生劇場
東京宝塚劇場
有楽町小川ビル
レム日比谷
帝国ホテル 東京
帝国ホテルプラザ東京
テレビ愛知
NTT霞ケ関ビル本館
NTT日比谷ビル
NTT霞ケ関ビル新館
UD日比谷ビル
みずほ銀行東京営業部
東京電力ホールディングス
日土地内幸町ビル
内幸町ホール前
内幸町
内幸町駅
富国生命ビル
市政會館
東京メトロ千代田線
東京メトロ丸ノ内線
都営三田線
霞ケ関駅へ
有楽町イトシア
有楽町マルイ
マロニエゲート銀座2
ルミネ有楽町1
ルミネ有楽町2
有楽町マリオン
丸重会館
HULIC SQUARE TOKYO
銀座駅
銀座西2
銀座並木通
銀座西3
数寄屋橋
Gapフラッグシップ銀座
BEAM
泰明小
東急プラザ銀座
並木通り口
和光アネック
東京高速道路
数寄屋通り
銀座西5
みゆき通り
三愛
東京鳩居堂銀座本店
銀座ベルビューホテル
銀座西6
交詢社通り
EXIT MELSA
UNIQLO GINZA
銀座ウエスト本店
ニューギンザビル1号館
バーニーズニューヨーク
銀座5
中央通り
資生堂本社
銀座すずらん通り
並木通り
外堀通り
京都新聞銀座ビル
GINZA SIX P30
銀座6
銀座ライオン
ホテル ザ セレスティン銀座
月光荘画材店
花椿通り
ホテルグレイスリー銀座
H&M GINZA
コートヤード・マリオット銀座東武ホテル
銀座グランドホテル
銀座7
カフェーパウリスタ 銀座 P33
相鉄フレッサイン銀座七丁目
銀座博品館劇場
資生堂ギャラリー
資生堂パーラー 銀座本店 サロン・ド・カフェ P32
中央年金事務所
銀座8
新橋出口
新橋
三井ガーデンホテル銀座プレミア
銀座東7
都営大江戸線
東京メトロ銀座線
新橋局
第一ホテルアネックス
新幸橋
山手・京浜東北線
東海道線
土橋
第一ホテル東京
西新橋
虎ノ門駅へ
相鉄フレッサイン新橋日比谷口
難波橋
横須賀線
新橋2
タカキュー
新橋駅日比谷口前
新橋駅銀座口前
日通航空ビル
LABI新橋デジタル館
SL広場
新橋駅
新橋1
烏森神社
新橋三丁目交番前
ホテルユニゾ新橋
ニュー新橋ビル
ホテル新橋三番館
西原ビル
新橋3
蓬莱橋
銀座COMビル
銀座ダイヤビル
ヤクルトビル
鉄道歴史展示室
蓬莱橋南
汐留シティセンター
新橋駅前
カレッタ汐留
電通クリエーティブクロスビル
ゆりかもめ
汐留北
電通四季劇場海
電通本社ビル
銀座局
日本テレビタワー
レインボーホテル
浜松町駅へ
品川駅へ
汐留駅へ
汐留JCTへ
汐留JCTへ

国会議事堂
憲政記念公園
消防庁
警察庁
東京高等裁判所
日比谷公園
猿田彦神社
衆議院会館前
日枝神社
P48
アパホテルプライド国会議事堂前
国会議事堂前駅
衆議院第一議員会館
霞が関
外務省
霞ケ関駅
霞が関1
山王日枝神社
財務省上
霞ケ関局
農林水産省
霞門
東京メトロ丸ノ内線
東京メトロ千代田線
国会議事堂前駅
総理官邸前
山王下（日枝神社入口）
溜池山王駅
内閣総理大臣官邸
内閣府
霞が関2
環境省
厚生労働省
緑と水の市民カレッジ
東横イン溜池山王駅官邸南
財務省
国税庁
霞ケ関駅
西幸門前
野外音楽堂
国際赤坂ビル
赤坂二丁目交番前
溜池山王駅
経済産業省
内閣府下
新霞が関ビル
金融庁
中小企業庁
日比谷図書文化館
市政會館
日比谷駅へ
佛願寺
文部科学省
文化庁
霞が関3
日本郵政
資源エネルギー庁
中日新聞社東京本社
特許庁
溜池
富国生命ビル
内幸町
みずほ銀行東京営業部
東京メトロ銀座線
特許庁前
虎ノ門
赤坂1
商船三井ビル
虎ノ門駅
赤坂インターシティAIR
JTビル
金刀比羅宮
P48
虎ノ門局
外堀通り
西新橋局
内幸町ホール前
内幸町駅
環二通り
共同通信会館
桜田通り
西新橋1
虎ノ門二丁目西
米国大使館前
虎ノ門1
アメリカ合衆国大使館
第一ホテル東京
西新橋
ANAインターコンチネンタルホテル東京
港区
澄泉寺
虎ノ門2
西新橋一・三丁目
新橋2
陽泉寺
アーク森ビル
アンダーズ東京
アパホテル新橋虎ノ門
新橋駅へ
烏森神社
ミクロネシア大使館
The Okura Tokyo
西新橋二丁目西
六本木2
虎ノ門3
西新橋2
新橋三丁目交番前
谷町JCT
サントリーホール
ナイジェリア大使館
虎ノ門ヒルズ
西光寺
南桜公園
ニュー新橋ビル
道源寺
菊池寛実記念智美術館
智積院別院真福寺
愛宕1
ホテルユニゾ新橋
ホテル新橋三番館
ホテルオークラ東京別館
寶瑞院
榮壽寺
アークヒルズサウスタワー
西新橋二丁目南
新橋4
新橋3
神谷町プライムプレイス
光岳院
栄立院
新橋愛宕山東急REIホテル
泉ガーデンタワー
スウェーデン大使館
愛宕神社
鏡照院
新橋四局
レインボーホテル
港虎ノ門三局
大雄院
新橋四丁目東
ホテルヴィラフォンテーヌ六本木
神谷町局
天徳寺
環二通り
日比谷通り
NHK放送博物館
東京慈恵会医大病院
新橋柳通り口
愛宕神社前
東急ステイ新橋
神谷町
摂取院
神谷町駅
観崇院大養寺
青松寺
芝局
芝郵便局前
考壽院
新橋福祉会館前
光明寺
俊朝寺
東京慈恵会医大
新橋5
専光寺
NEXUS DOOR TOKYO
第一京浜
首都高速道路
手まり坂緑地
芝学園下
青龍寺
御成門中
アパホテル新橋御成門
八幡神社
御成門緑地
愛宕警察署北
芝給水所公園
春光会館
雲晴院
御成門
外交史料館
正則高
麻布台1
御成門小
愛宕署
外苑東通り
擁護神社
三井ガーデンホテル汐留イタリア街
大阪経済法科大アジア太平洋研究センター図書館
芝高
光寶寺
御成門駅
愛宕警察前
東京メトロ日比谷線
みなと図書館
浜松町1
威徳院
日本赤十字社ビル
飯倉
芝公園3
東京タワー通り
天光院
芝大門局
港年金事務所
一乗寺
東京プリンスホテル
東京タワー
瑠璃光寺
港区役所前
慶應義塾大薬学部
熊野神社
都営三田線
公園
心光教院
東京タワー前
港区役所
桜田通り
名鉄イン浜松町
熊野神社
芝公園局
芝大神宮
明徳幼稚園
大本山増上寺
芝公園
都営大江戸線
芝大門
大門
大門駅
東京タワー下
増上寺前
三康図書館
東麻布1
常行院
安養院
港浜松町局
宝珠院
芝公園駅へ
観智院

六本木・赤坂

N
0
200m
永田町駅へ
ホテルモントレ赤坂
赤坂署
赤坂御用地
赤坂地区総合支所前
246
青山中
信濃町駅へ
東京メトロ半蔵門線
東京メトロ銀座線
高橋是清翁記念公園
editor's fav
るるぶキッチンAKASAKA
P47
赤坂見附駅へ
外堀通り
浄土寺
ザ・センチュリオンクラシック赤坂
鈴降稲荷神社
赤坂局
富山県赤坂会館
青山ビル
青山一丁目駅
青山1
赤坂ACTシアター
P45 赤坂サカス
圓通寺
光闡山道教寺
専福寺
TBS放送センター
赤坂駅
国際新赤坂ビル東館
青山2
赤坂図書館
ザ・ビー赤坂
種徳寺
報土寺
京王プレッソイン赤坂
外苑前駅へ
一ツ木公園
氷川公園
青山公園
アジア会館
赤坂七局
赤坂五丁目交番前
鹿島建設KIビル
ホテルマイステイズプレミア赤坂
玉窓寺
山王病院
赤坂陽光ホテル
龍泉寺
赤坂小
赤坂署
乃木神社
日本キリスト教団赤坂教会
赤坂小前
乃木公園
乃木坂
413
赤坂中
赤坂氷川神社 P49
319
乃木坂陸橋
SME乃木坂ビル
ミッドタウン・ガーデン
檜坂
久國神社
P5 shop×cafe
サントリー美術館
P5
港区立檜町公園
永昌寺
青山霊園
乃木坂駅
ミッドタウン・タワー
アパホテル
六本木一丁目駅前
東京都青山葬儀所
乃木坂駅前局
ガレリア
ザ・リッツ・カールトン東京
区立区民斎場やすらぎ会館
東京ミッドタウン西
東京ミッドタウン
妙像寺
外苑西通り
表参道駅へ
東京メトロ千代田線
Billboard Live TOKYO P47
3号渋谷線
日本学術会議前
バーニーズニューヨーク
P5 国立新美術館
青山墓地中央
P5 サロン・ド・テ ロンド
国立新美術館別館
東京ミッドタウン前
三河台公園
テレビ東京
麻布署
星条旗通り
法庵寺
六本木駅
政策研究大学院大
善學寺
レム六本木
ホテル ザ・ビー六本木
六本木
都立青山公園
光専寺
六本木西公園
ホテル六本木
教善寺
ドン・キホーテ
418
六本木駅前局
六本木5
長耀寺
六本木6
東京メトロ南北線
六本木通り
東洋英和女学院小
大安寺
六本木中
西麻布局
日本キリスト教団鳥居坂教会
フィリピン大使館
渋谷出口へ
勢至院
毛利庭園
西麻布
高樹町
六本木ヒルズ
ソニーミュージック六本木ミュージアム
都心環状線
グランドハイアット東京
テレビ朝日
麻布カトリック教会
櫻田神社
六本木けやき坂通り
P41
東洋英和女学院高等部
繁成寺
心臓血管研究所付属病院
東京メトロ日比谷線
妙経寺
六本木ヒルズゲートタワー
飯倉出口
さくら坂公園
ギリシャ大使館
一向山専称寺
六本木高
麻布税務署
麻布図書館
若葉会幼稚園
P17 六本木ヒルズ展望台東京シティビュー
外苑西通り
ウクライナ大使館
南山小
十番稲荷神社
高陵中
麻布署
森美術館
P5
安全寺
龍澤寺
鳥居坂下
麻布十番駅
笄公園
リトアニア共和国大使館
広称寺
麻布十番商店街
笄小
P5 Cafe THE SUN
光隆寺
広尾駅へ
新一の橋
飯倉
A
B
1
2
3
4

↑千駄ヶ谷駅へ
国立競技場駅へ↑
C
神宮第二球場
神宮外苑ゴルフ練習場
日本青年館前
P35 日本オリンピックミュージアム
JAPAN SPORT OLYMPIC SQUARE
神宮球場
日本青年館ホテル
國學院高
明治神宮野球場
神宮前2
龍巌禅寺
国立競技場東テニス場
國學院高等学校第二記念館
青山高
秩父宮ラグビー場
青山熊野神社
高徳寺
国立競技場駅へ
信濃町駅へ
D
元赤坂2
明治神宮外苑
P40
赤坂御用地
都営大江戸線
北青山2
いちょう並木
青山中
1
永田町駅へ
青山一丁目駅
赤坂郵便局前
0(青山ビル下)
2(元赤坂方面)
青山ビル
1(北青山方面)
赤坂見附駅へ
北青山1
青山一丁目駅
赤坂局
青山1
3(南青山方面)
青山ツインタワー
5
六本木駅へ
伊藤忠ビル
青山2
246
ホテルアラマンダ青山
津田歯科医院
赤坂図書館
南青山保育園
北青山2
赤坂消防署入口
ブラジル大使館
南青山2
南青山1
持法寺
平岡医院
2
外苑前駅
青山公園
原宿団地北
3
2
1a
1b
神宮前IKビル
禅宗青山海蔵寺
外苑前
玉窓寺
ギャラリー・ドゥー・ディマンシュ P29
青山小
三河稲荷神社
LATTEST OMOTESANDO Espresso Bar P55
青山セント・シオンビル
成城石井
梅窓院
龍泉寺
青山公園
パンとエスプレッソと P29
南青山3
赤坂署
都立青山特別支援学校
東急ステイ青山プレミア
Francfranc
青山保育園
アルビダホテル青山 P79
東京メトロ半蔵門線・銀座線
NBF南青山ビル
南青山三丁目緑地
外苑東通り
南青山2
浅川歯科医院
デニーズ
北青山3
外苑西通り
船光稲荷神社
南青山3
青山霊園
3
新青山東急ビル
東京都青山葬儀所
乃木坂駅
赤坂駅へ
南青山おおつかクリニック
南青山3
南青山4
区立区民斎場やすらぎ会館
5
6
表参道駅
国立新美術館
ブルーボトルコーヒー 青山カフェ P54
日本学術会議前
A4
A5
青山墓地中央
廣関院
根津通り
六本木7
コスモス西麻布保育園
青南小
区立青南幼稚園
都立青山公園
Aoyama Flower Market TEA HOUSE 南青山本店 P56
青山5
六本木ヒルズへ
4
根津美術館前
根津美術館
Minotti
港区
骨董通り
西麻布1
西麻布2
岡本太郎記念館
C
Blue Note Tokyo P46
長谷寺
D
広尾へ

表参道・原宿・青山

N
0 100m
明治神宮会館
東池
齋館
代々木神園町
菖蒲田
フォレストテラス明治神宮
明治神宮文化館
明治神宮御苑
南池
バードサンクチュアリ
東京オリンピック記念樹木見本園
代々木公園
杜のテラス
まちのこども園代々木公園
五輪橋
神宮橋
jing
第一体育館
国立代々木競技場
岸記念体育会館前
第二体育館
岸記念体育会館
北谷稲荷神社
神南1
区役所前へ
渋谷区役所前
ハローワーク渋谷
LINE CUBE SHIBUYA（渋谷公会堂）
渋谷区役所
公園通り
渋谷署
ファイヤー通り
神南1
渋谷東武ホテル
宇田川町
ニトリ
ホテルユニゾ渋谷
勤労福祉会館前
神南郵便局前
東急ハンズ
渋谷パルコ
渋谷モディ
ロフト
↓渋谷駅へ
↓渋谷駅へ
代々木公園駅へ
↑代々木駅へ
↑北参道駅へ
山手・埼京線
原宿外苑中学校西
原宿駅
明治神宮前駅
明治神宮前駅
神宮前
長泉寺
ドーミーインPREMIUM渋谷神宮前
鈴木歯科医院
渋谷キャスト
cocoti
宮下公園
神宮前6
トランクホテル
渋谷高
千駄ヶ谷2
法雲山仙寿院
千駄谷小
神宮前2
延命寺
千駄谷小学校
東京デザイン専門学校
原宿外苑中
東京メトロ副都心線
渋谷区
神宮前2
エストニア大使館
渋谷神宮前局
区立中央図書館
オリンピア眼科病院
神宮前1
神宮前3
東郷神社
原宿署
赤阪医院
東郷幼稚園
東郷記念館
mipig cafe原宿 P51
竹下通り
東郷神社
渋谷保育園
妙圓寺
神宮前1
竹下口
ラフォーレ原宿
太田記念美術館
神宮前4
YMスクウェア原宿
フクロウのお庭 原宿店 P51
東急プラザ表参道原宿 P28
神宮前小
P29 Mr.FARMER 表参道本店
キデイランド
表参道
表参道ヒルズ
東京メトロ千代田線
神宮前6
GYRE
MoMA Design Store 表参道 P28
明治通り
神宮前六局
AWESOME STORE 原宿・表参道店 P29
東京第一科学者キリスト教会
伊藤病院
キャットストリート
THE ROASTERY BY NOZY COFFEE P55
渋谷区
オーク表参道
表参道
北青山3
穏田神社 P49
神宮前5
P7 Botanica Flower School
東京ウィメンズプラザ
南青山5
OHM
渋谷青山通局
国連大学本部ビル・UNハウス
246
MFPR渋谷ビル
青山学院大
渋谷駅へ

代々木公園周辺
渋谷区
神山町
神山町
神山町東
渋谷クレストンホテル
第六共同ビル
ホテルニューワシントン
井ノ頭通り
神南2
NHKセンター下
NHK放送センター
神南小
渋谷税務署
渋谷区役所
NHKホール
(2021年3月〜休館予定)
野外音楽堂
東武ホテル
渋谷ホームズ
LINE CLUB SHIBUYA
(渋谷公会堂)
田川町
渋谷区役所前
第二体育館
国立代々木競技場
三船ビル
北谷稲荷神社
渋谷署
ハローワーク
渋谷
ファイヤー通り
第一体育館
神南1
岸記念体育会館
岸記念体育会館前
ドーミーイン
PREMIUM
渋谷神宮前
長泉寺
キャットストリート
東京メトロ副都心線
明治通り
山手線
埼京線
神宮前6
ランク
テル
P49
穏田神社
明治神宮前駅へ
jing
五輪橋
原宿駅
代々木駅・
新宿駅へ
まちのこども園
代々木公園
杜のテラス
明治神宮前駅へ
代々木公園
代々木神園町
東京メトロ千代田線
代々木公園駅へ
ルヴァン
富ヶ谷店
P10
代々木
上原駅へ
山手通り
富ヶ谷
そらとくもと
東京代々木上原へ
P11
井ノ頭通り
井上病院
代々木八幡駅
初台へ
小田急
小田原線
1(八幡口)
P52 PATH
代々木公園駅
15℃
P53
新宿駅へ
富ヶ谷1
渋谷
富ヶ谷一局
365日 P11
3(富ヶ谷北口)
2(富ヶ谷南口)
4(公園口)
代々木神園町
渋谷へ
Fuglen Tokyo
P54
代々木公園交番前
東京メトロ千代田線
代々木公園
0
100m
N
渋谷へ
明治神宮前駅へ
富ヶ谷・
代々木公園駅へ
富ヶ谷・
代々木公園駅へ

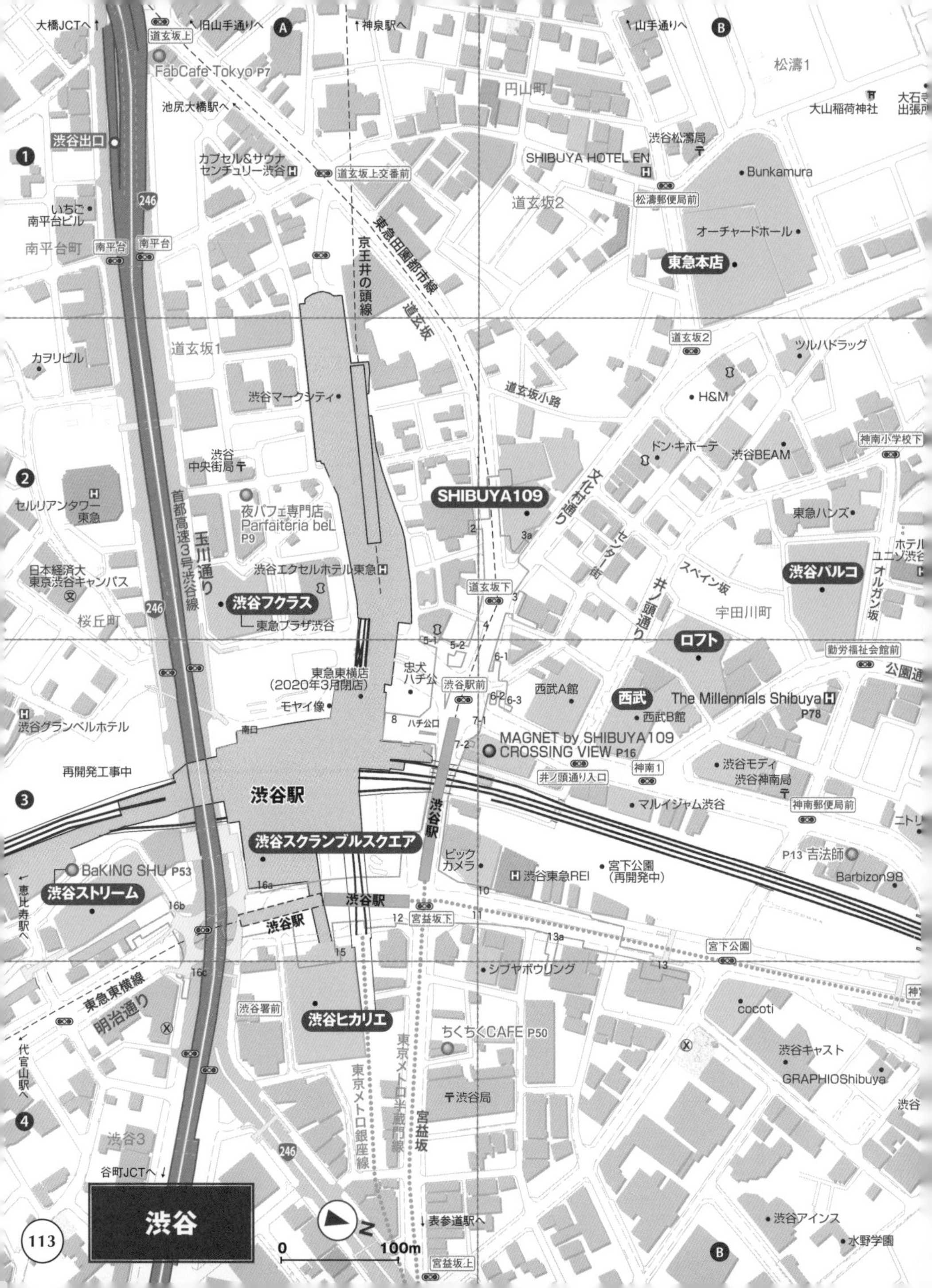
渋谷
大橋JCTへ
旧山手通りへ
神泉駅へ
山手通りへ
A
B
1
2
3
4
道玄坂上
FabCafe Tokyo P7
池尻大橋駅へ
渋谷出口
カプセル&サウナ センチュリー渋谷
道玄坂上交番前
246
いちご南平台ビル
南平台町
南平台
円山町
松濤1
大山稲荷神社
渋谷松濤局
SHIBUYA HOTEL EN
Bunkamura
松濤郵便局前
道玄坂2
オーチャードホール
東急本店
東急田園都市線
京王井の頭線
道玄坂
道玄坂1
カヲリビル
道玄坂2
ツルハドラッグ
道玄坂小路
H&M
渋谷マークシティ
神南小学校下
ドン・キホーテ
渋谷BEAM
渋谷中央街局
セルリアンタワー東急
夜パフェ専門店 Parfaiteria beL P9
SHIBUYA109
文化村通り
東急ハンズ
首都高速3号渋谷線
玉川通り
日本経済大 東京渋谷キャンパス
渋谷エクセルホテル東急
センター街
スペイン坂
渋谷パルコ
ホテル ユニゾ渋谷
オルガン坂
道玄坂下
井ノ頭通り
渋谷フクラス
宇田川町
桜丘町
東急プラザ渋谷
ロフト
勤労福祉会館前
公園通
忠犬ハチ公
東急東横店 (2020年3月閉店)
渋谷駅前
西武A館
西武
The Millennials Shibuya P78
渋谷グランベルホテル
モヤイ像
南口
ハチ公口
西武B館
MAGNET by SHIBUYA109 CROSSING VIEW P16
再開発工事中
渋谷モディ
神南1
井ノ頭通り入口
渋谷神南局
渋谷駅
渋谷駅
マルイジャム渋谷
神南郵便局前
ニトリ
渋谷スクランブルスクエア
吉法師 P13
BaKING SHU P53
ビックカメラ
渋谷東急REI
宮下公園 (再開発中)
Barbizon98
恵比寿駅へ
渋谷ストリーム
渋谷駅
渋谷駅
宮益坂下
宮下公園
シブヤボウリング
東急東横線
明治通り
渋谷署前
渋谷ヒカリエ
cocoti
ちくちくCAFE P50
代官山駅へ
東京メトロ銀座線
東京メトロ半蔵門線
宮益坂
渋谷キャスト
GRAPHIOShibuya
渋谷局
渋谷3
渋谷
谷町JCTへ
表参道駅へ
渋谷アインス
水野学園
0
100m
宮益坂上

プレミアホテル -CABIN- 新宿
東横イン 新宿歌舞伎町
スーパーホテル 新宿歌舞伎町
ホテル白川郷
新宿グランベルホテル
東新宿駅へ
東京メトロ副都心線
明治通り
新宿イーストサイドスクエア
専念寺
専福寺
天台寺門宗大聖院
法善寺
西向天神社
歌舞伎町2
新宿明治通局
天神小
新宿文化センター
新宿中
西光庵
ホテルグレイスリー新宿
新宿東宝ビル
新宿アーバンホテル
新宿区役所通り
新宿6
歌舞伎町1
新宿6
富久町
シタディーンセントラル
ホテルサンライト新宿
新宿区保健所
新宿区役所
ドン・キホーテ
花園神社
東京ビジネスホテル
東京医大
ホテルヴィアイン新宿
新宿区役所前
靖国通り
富久さくら公園
ホテルリステル新宿
マルイメン
新宿5
バーニーズ ニューヨーク
伊勢丹メンズ館
紀伊國屋書店
発酵温浴nifu P77
新宿5
ホテルたてしな
イトーヨーカドー
新宿五丁目東
新宿二丁目北
新宿一丁目北
新宿三局
伊勢丹新宿店
新宿三丁目北
ビックロ
新宿三丁目西
新宿末廣亭 P37
成覚寺
都営新宿線
ビッグス新宿ビル
新宿3
新宿三丁目駅
四谷電話局前
新宿高野第2ビル
マルイ
新宿3
新宿柳通り
仲通り
シタディーン新宿
曙橋駅へ
セントラルホテル東京
シティホテル ロンスター
ホテルパークイン新宿
大塚家具
新宿二局
マルイ アネックス
新宿2
霞関山 太宗寺本堂
甲州街道
新宿4
新宿通り
新宿二丁目東
花園小
新宿高
新宿1
天龍寺
東京メトロ丸ノ内線
新宿一丁目西
新宿4
アパホテル 新宿御苑前
新宿門
秋葉神社
新宿御苑前駅
NEWoMan 新宿
SALON BAKE & TEA P9
新宿四丁目南
新宿一丁目南
新宿御苑トンネル
四谷三丁目駅へ
タカシマヤ タイムズスクエア
新宿御苑
千駄ヶ谷6
やまとビル
新宿御苑
ニトリ
内藤町
北参道駅へ
原宿駅へ
日本庭園
風景式庭園

新宿
N
0
100m
北新宿2
成子天神社
大成ロテック本社
東京メトロ丸ノ内線
中野坂上駅へ
成子天神下
新宿区
西新宿中
西新宿8
西新宿7
東新宿駅へ
大久保駅へ
東京都新宿都税(事)
新宿都税事務所
新宿タウンホテル
都営大江戸線
山手線
中央線
高田馬場駅へ
西武新宿線
アパホテル新宿歌舞伎町タワー
西武新宿駅
東京栄養専門学校
西新宿駅
ホテルローズガーデン新宿
西鉄イン新宿
西新宿ホテルマイステイズ
新宿プリンスホテル
新宿オークシティ
東京医大病院前
東京医大病院
アトリウム口
東京医大図書館
新宿アイランドウイング
新宿警察署前
新宿署
常圓寺
常泉院
イビス東京新宿
新宿大ガード西
新宿大ガード
埼京線
青梅街道
新宿西口駅
新都心歩道橋下
西新宿1
ヤマダ
浄風寺
ヒルトン東京
新宿アイランドタワー
新宿野村ビル
ビックカメラ
損保ジャパン日本興亜本社ビル
新宿グリーンタワービル
新宿警察署裏
都庁北
議事堂北
新宿西口ロータリー入口
新宿駅
西新宿6
新宿中央公園北
新宿三井ビル
新宿センタービル
松岡セントラルビル
小田急第一生命ビル
東京モード学園
小田急
新宿住友ビル
西口
西新宿五丁目駅へ
ハイアットリージェンシー東京
都庁前駅
中央通り東
工学院大
小田急・明治安田生命ビル
都営大江戸線
A3(中央通り口)
新宿郵便局前
新宿駅
京王
新宿中央公園前
京王プラザホテル
新宿中央公園
東京都議会議事堂
かどやホテル
ヨドバシカメラ
ルミネ新宿2
東京都庁第一本庁舎
とみん広場
京王プラザホテル南館
南口
P17 展望室
ルミネ新宿1
京王線ルミネ口
甲州街道
3(新宿線周辺)
西新宿1
2(新宿線周辺)
ヤマダ電機
5(新宿線周辺)
新宿モノリス
明宝ビル
新宿駅
新宿中央公園南
4(新宿線周辺)
バスタ
新宿中央公園西
7(新宿線周辺)
京王新線
新宿NSビル
KDDIビル
JR新宿ビル
東京都庁第二本庁舎
新宿駅南口局
JR九州ホテルブラッサム新宿
西新宿2
議事堂南
都庁南
6(新宿線周辺)
西新宿2
新宿駅
ホテルサンルートプラザ新宿
新宿ワシントンホテル
西新宿
京王線
新宿
西新宿3
小田急ホテルセンチュリーサザンタワー
角筈区民センター前
新宿ワシントンホテル新館
新宿文化クイントビル
JR南新宿ビル
京王プレッソイン新宿
渋谷区
文化学園大
代々木2
パークハイアット東京
文化外国語専門学校
JR東京総合病院
新宿パークタワー
文化学園大
文化服装学院
西新宿3
文化ファッション大学院大
代々木3
笹塚駅へ
南新宿駅
小田急小田原線

上野・蔵前・浅草・押上

竜泉3
日本堤1
台東日本堤局
日本堤1
土手通り
吉原大門
千束4
観光ホテル
ニューアオキ
日本堤署
千束保健センター
千束4
千束3
地方橋
東浅草1
東浅草2
東浅草交番前
寳晃寺
光照院
通入寺
道林寺
念佛院
東武ストア
瑞泉寺
熱田神社
紙洗橋
東浅草1
袖摺稲荷神社
清川2
東浅草2
清川1
清川1
石浜小
出山寺
松吟寺
橋場交番前
橋場2
橋場2
橋場1
福壽院
研修センター前
保元寺
浅草病院
今戸2
長昌寺
東京都人権プラザ前
勝運寺
廣樂寺
蓮窓寺
今戸2
稱福寺
桜橋中
向島出口
向島出口
堤通1
東向島3
向島百花園
明治通り
東向島一局
蓮花寺
向島
向島高速道路入口
第一寺島小
東向島駅へ
東向島3
東向島1
東向島2
東向島2
曳舟駅
東向島1
秋葉神社
向島税務署
墨堤通り
向島5
言問小
向島5
正法寺
浅草5
浅草4
浅草4
浅草四局
富士小
浅草5
浅草7
浅草高
今戸神社 P49
今戸1
潮江院
台東リバーサイドスポーツセンター野球場
向島
リバーサイドスポーツセンター
桜橋
馬道通り
浅草3
浅草3
浅草6
浅草6
浅草観音堂裏
浅草7
貞千代
ナインアワーズ浅草 P79
浅草花やしき
馬道
花川戸2
浅草寺
浅草木馬館大衆劇場
木村家本店 P65
台東花川戸局
二天門前
言問橋西
言問橋
6号向島線
江戸通り
向島2
三囲神社
向島3
向島4
向島2
向島四局
小梅小
墨田区
正圓寺
圓通寺
水戸街道
六区ブロードウェイ
P65 浅草 梅園
伝法院
浅草演芸ホール
浅草公会堂
浅草九重 P65
浅草くるり P65
東参道
仲見世通り
P64 荒井文扇堂
Licca(莉花) P64
浅草1
雷門通り
BUNKA HOSTEL TOKYO P79
雷門1
雷門2
P40 雷門
花川戸1
浅草2
松屋
浅草駅
Editor's fav るるぶキッチンASAKUSAエキミセ P65
牛嶋神社
言問橋東
圓通寺
向島3
本行寺
牛島神社前
向島1
吾妻橋船着場
墨田区役所前
墨田区役所
TOKYO CRUISE (浅草乗船場) P43
東武スカイツリーライン
コニカミノルタプラネタリウム"天空"in東京スカイツリータウン P39
とうきょうスカイツリー駅
東京ソラマチ
東京スカイツリー P20
曳舟川通り
押上2
P80 ONE@Tokyo
乾徳稲荷神社
四ツ目通り
押上3
東京スカイツリー東
押上1
押上1
押上駅
押上駅前交番東
京成橋
おしなり公園船着場
源森橋
吾妻橋
吾妻橋東詰
吾妻橋2
吾妻橋3
とうきょうスカイツリー駅
都営浅草線
浅草駅
駒形1
駒形橋西詰
浅草消防署前
駒形橋
墨田区役所入口
吾妻橋交番前
本所吾妻橋駅
霊光寺
吾妻橋1
妙縁寺
遍照院
法華寺
本久寺
吾妻橋三丁目東
業平1
浅草通り
業平2
押上駅前
押上駅前局
業平4
西十間橋
業平1
押上天祖神社
本所税務署
業平4
業平5
駒形2
東駒形2
桃青禅寺
東駒形4
高速駒形入口
駒形1
東横イン浅草蔵前雷門
駒形
隅田川
東駒形三丁目東
業平1
業平小
業平3
業平3
東駒形3
たばこと塩の博物館
本所保健センター
東駒形1
駒形PA
既橋
既橋
既橋東詰
本所警察署前
横川5
横川1
横川2
横川交番前
華厳寺
本所2
本所3
三ツ目通り
春日通り
業平小学校南
横川3
横川4
本所署
本所1
地域安全センター前
本所3
本所4
本所4
本法寺
東京メトロ半蔵門線
徳壽院
本所1
清澄通り
妙見山別院
横川3
外手小
太平4
本所4
石原4
横網2
横網2
石原1
石原2
石原3
錦糸中
法泉院
太平1
太平2
太平3
太平4
蔵前橋
両国駅へ
墨田石原局
錦糸町駅へ

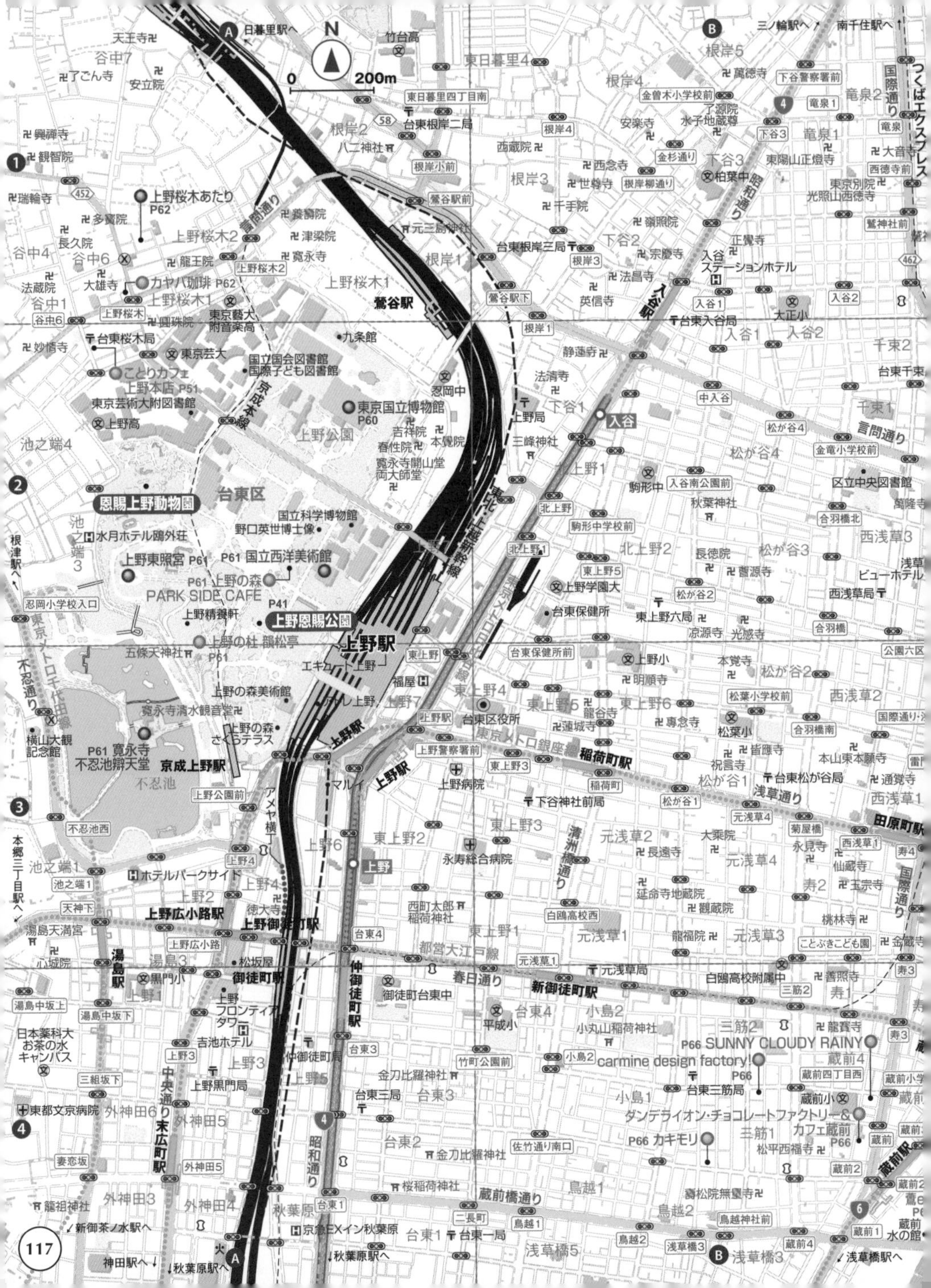

日暮里駅へ
三ノ輪駅へ
南千住駅へ
0
200m
天王寺
谷中7
了ごん寺
安立院
竹台高
東日暮里4
根岸5
萬徳寺
下谷警察署前
竜泉2
国際通り
つくばエクスプレス
根岸4
金曽木小学校前
東日暮里四丁目南
台東根岸二局
了源院
水子地蔵尊
竜泉1
根岸2
根岸4
安楽寺
下谷3
竜泉
興禅寺
八二神社
西蔵院
金杉通り
下谷3
竜泉1
観智院
根岸小前
西念寺
柏葉中
東陽山正燈寺
大音寺
根岸3
世尊寺
根岸柳通り
昭和通り
西徳寺前
瑞輪寺
上野桜木あたり
P62
鶯谷駅前
千手院
東京別院
光照山西徳寺
多宝院
言問通り
養寿院
元三島神社
嶺照院
鷲神社前
長久院
津梁院
下谷2
正覚寺
谷中4
谷中6
上野桜木2
寛永寺
根岸1
台東根岸三局
宗慶寺
入谷
ステーションホテル
法蔵院
大雄寺
カヤバ珈琲
P62
龍王院
上野桜木2
上野桜木1
根岸3
法昌寺
入谷駅
谷中1
上野桜木1
鶯谷駅
鶯谷駅下
英信寺
入谷1
大正小
入谷2
谷中6
上野桜木
国珠院
東京藝大
附音楽高
根岸1
台東入谷局
妙情寺
台東桜木局
九条館
静蓮寺
入谷1
入谷2
千束2
東京芸大
国立国会図書館
国際子ども図書館
法清寺
台東千束
ことりカフェ
上野本店
P51
京成本線
忍岡中
下谷1
中入谷
東京芸術大附図書館
東京国立博物館
P60
上野局
入谷
千束1
上野高
吉祥院
本覚院
松が谷4
言問通り
池之端4
上野公園
春性院
三峰神社
金竜小学校前
松が谷4
寛永寺開山堂
両大師堂
上野1
駒形中
入谷南公園前
区立中央図書館
台東区
東北・上越新幹線
恩賜上野動物園
北上野
秋葉神社
合羽橋北
西浅草3
国立科学博物館
駒形中学校前
池
水月ホテル鴎外荘
野口英世博士像
北上野1
北上野2
長徳院
松が谷3
根津駅へ
之端3
上野東照宮
P61
P61
国立西洋美術館
東上野5
曹源寺
浅草
ビューホテル
P61
上野の森
PARK SIDE CAFE
上野学園大
松が谷2
西浅草局
忍岡小学校入口
P41
上野恩賜公園
台東保健所
東上野六局
凉源寺
光感寺
合羽橋
東京メトロ千代田線
上野精養軒
上野駅
東京メトロ日比谷線
五條天神社
上野の杜 韻松亭
P61
東上野
台東保健所前
上野小
本覚寺
松が谷2
公園六区
不忍通り
エキュート上野
福屋
明順寺
西浅草2
上野の森美術館
パンダ橋
上野7
東上野4
東上野5
龍谷寺
東上野6
松葉小学校前
寛永寺清水観音堂
上野駅
台東区役所
蓮城寺
専念寺
松葉小
国際通り
合羽橋南
横山大観記念館
P61
寛永寺
不忍池辯天堂
上野の森
さくらテラス
東京メトロ銀座線
上野警察署前
皆応寺
本山東本願寺
京成上野駅
東上野3
稲荷町駅
祝言寺
松が谷1
台東松が谷局
通覚寺
不忍池
上野公園前
マルイ
上野駅
上野病院
稲荷町
下谷神社前局
松が谷1
浅草通り
西浅草1
不忍池西
アメヤ横丁
東上野3
清洲橋通り
元浅草4
菊屋橋
田原町駅
本郷三丁目駅へ
上野6
東上野2
元浅草2
大乗院
西浅草1
永寿総合病院
長遠寺
永見寺
寿4
池之端1
上野4
上野
元浅草4
仙蔵寺
ホテルパークサイド
上野4
延命寺地蔵院
寿2
玉宗寺
池之端1
上野2
徳大寺
西町太郎稲荷神社
観蔵院
国際通り
天神下
上野広小路駅
上野御徒町駅
白鴎高校西
桃林寺
湯島天満宮
台東4
東上野1
元浅草1
龍福院
元浅草3
金蔵寺
湯島駅
上野広小路
都営大江戸線
ことぶきこども園
心城院
松坂屋
元浅草1
元浅草局
寿3
湯島3
黒門小
御徒町駅
仲御徒町駅
春日通り
新御徒町駅
白鴎高校附属中
善照寺
湯島中坂上
上野1
湯島中坂下
上野フロンティアタワー
御徒町台東中
台東4
小島2
三筋2
寿1
日本薬科大お茶の水キャンパス
吉池ホテル
平成小
小丸山稲荷神社
三筋2
龍寶寺
寿3
上野3
仲御徒町局
台東3
竹町公園前
小島2
SUNNY CLOUDY RAINY
P66
carmine design factory
蔵前4
上野3
上野5
金刀比羅神社
P66
蔵前四丁目西
蔵前小学
三組坂下
上野黒門局
台東三局
台東3
台東三筋局
小島1
蔵前小
蔵前
中央通り
東都文京病院
外神田6
外神田5
末広町駅
昭和通り
ダンデライオン・チョコレートファクトリー＆カフェ蔵前
P66
台東2
P66
カキモリ
三筋1
蔵前
佐竹通り南口
松平西福寺
妻恋坂
外神田5
金刀比羅神社
蔵前2
蔵前駅
蔵前2
桜稲荷神社
鳥越1
外神田3
外神田4
秋葉原
台東1
蔵前橋通り
龍閑神社
鳥越2
二長町
鳥越1
鳥越神社前
蔵前
水の館
新御茶ノ水駅へ
京急EXイン秋葉原
台東1
台東一局
鳥越2
蔵前1
浅草橋3
蔵前4
神田駅へ
秋葉原駅へ
秋葉原駅へ
浅草橋5
浅草橋3
浅草橋駅へ

橋本町1
横浜市中央卸売市場
青果棟
栄町
瑞穂町
瑞穂町
N
0
200m
京浜神社
横浜中央市場内局
ポートサイド公園
横浜市中央卸売市場
本場水産物部
山内町
市場
高島水際線公園
山内埠頭
横浜港
京浜港湾事務所
キッズパートナーみなとみらい
みなとみらい1
オーケー
みなとみらいビル
ホテルビスタプレミオ横浜
[みなとみらい]
横浜スカイクルーズ
シーバス P85
臨港パーク入口
ザ・カハラ・ホテル&リゾート横浜
(2020年6月オープン予定)
島中央公園北
OceanTower
パークフロント
タワー
オーシャンフロントタワー
島中央公園南
展示ホール北
M.M.TOWERSザ・ウエスト
みなとみらい
FORESIS-L
M.M.TOWERSザ・イースト
M.M.TOWERS
ザ・サウス
パシフィコ横浜
臨港パーク
けいゆう病院前
FORESIS-R
みなとみらい
交番入口
なとみらい駅北
国際大通り
みなとみらいトンネル
みなとみらい
ビジネススクエア
ちょう通り
2出口
パシフィコ横浜
国立横浜国際会議場
プランズタワー
みなとみらい
みなとみらい3
1出口
みなとみらい駅
4出口
ぷかり桟橋(シーバスのりば) P85・125
パシフィコ横浜前
新港埠頭
3出口
けやき通り
みなとみらいホール
ヨコハマグランド
インターコンチネンタルホテル
美術の広場公園
クイーンズスクエア横浜
パシフィコ横浜
国際橋
みなとみらい駅前
横浜
ベイホテル東急
国際橋
横浜ハンマーヘッド
みなとみらい
東急スクエア
ハンズビー
万葉倶楽部
カップヌードルミュージアムパーク
美術館南
さくら通り
ランドマークプラザ
よこはまコスモワールド
カップヌードルミュージアム横浜
田町
ドックヤード
ガーデン
オーシャン・
スインガー
新港2
横浜海上保安部
カップヌードルパーク入口
客船ターミナル入口
横浜ランドマークタワー
アニヴェルセル
みなとみらい横浜
JICA横浜国際センター
MARINE & WALK YOKOHAMA P19・84
帆船日本丸
横浜ロイヤルパークホテル
横浜ワールドポーターズ
新港1
横浜みなと博物館
サークルウォーク
ら通り西
みなとみらい2
みなとみらい線
赤レンガパーク
横浜赤レンガ倉庫 P18・84
県民共済プラザビル
運河パーク
万国橋
汽車道
Souvenir Gallery YOKOHAMA P93
ーリックみなとみらい
横浜国際船員センター
(ナビオス横浜)
横浜赤レンガ倉庫2号館
日本丸
ノートルダム
横浜みなとみらい
海岸通5
万国橋通り
ピア赤レンガ
(シーバスのりば) P85・125
olette-Mare
アパホテル&リゾート
横浜ベイタワー
横浜赤レンガ倉庫1号館
桜木町1
北仲通6
桜木町駅
中区
海岸通4
赤レンガ倉庫
Felicia! P93
北仲通5
赤レンガ[デポ]
P93
横浜港大さん橋
国際客船ターミナル
P19・84
海岸通4
海岸通3
桜木町ワシントン
2出口
1a出口
日本郵船歴史博物館
P93 X-PORT
海岸通2
馬車道駅
海岸通1
横浜桜木局
木町2
4出口
本町5
6出口
海岸通3
海岸通り
神奈川県警察本部
133
3出口
県立
5出口
本町4
桜木町駅入口
象の鼻パーク
大さん橋ふ頭ビル
歴史博物館
133
7出口
海岸通2
関内駅へ
日本大通り駅へ
横浜税関
桜木町駅

横浜駅周辺・
みなとみらい
新横浜駅へ
横浜駅西口出口
反町駅へ
東急東横線
東神奈川駅へ
丸十前
宮川香山眞葛ミュージアム
横浜鶴屋町局
鶴屋町2
ホテル横浜
キャメロットジャパン
ヨドバシカメラ
横浜市営地下鉄ブルーライン
金港町
横浜プラザビル
ポートサイド中央
京急EXイン横浜駅東口
大野町
横浜駅西口
横浜モアーズ
楠町
北幸交番前
金港町
金港JCT
ナビューレ横浜タワーレジデンス
南幸1
横浜ベイクォーター
HOTEL PLUMM
横浜ベイシェラトンホテル&タワーズ
北幸1
横浜駅
10出入口
9出入口
横浜駅東口
(シーバスのりば)
P85・125
ハマボール
6出入口
横浜高島屋
横浜駅
〒横浜北幸局
内海橋
横浜駅
浅間下
2出入口
4出入口
横浜ルミネ
そごう
北幸2
一の橋
5出入口
東口ロータリー出口
高島2
ジョイナス
横浜中央局
HOTEL THE KNOT YOKOHAMA
南幸1
FOOD&TIME ISETAN YOKOHAMA
浅間町1
スカイビル
みなとみらい6
新田間橋
日産自動車グローバル本社
富士ゼロックスR&Dスクエア
横浜駅東口
プチ・フルール
相鉄ムービル
横浜アンパンマンこどもミュージアム
岡野
FOOD&TIME ISETAN YOKOHAMA
P92
岡野1
横浜三井ビル
万里橋
南幸2
相鉄本線
とちのき通り西
とちのき通り
西公会堂
高島2
高島1
高島中央公
モンテベルデ横浜
新高島駅
岡野中
浅山橋
横浜平沼高
横浜第一病院
岡野公園
根岸線
みなとみらい5
みなとみらい5
すずかけ通り
平沼1
平沼1
すずかけ通り西
グローバルラーニングセンター
岡野2
平沼高校前
〒みなとみらい四局
東海道本線・横須賀線
横浜メディアタワ
平沼橋駅
高島町
みなとみらい4
横浜野村ビル
リーフみなとみら
西区
久成寺
梅香崎橋入口
八洲学園大
高島町
グランモール
岡野神社
出入口
高島町駅
戸部7
みなとみらいグランドセントラルテラス
みなとみらい4
出入口
コンフォート病院
戸部署
花咲町7
桜木町7
K1号横羽線
ジョナサン
ニトリ
西署
石崎橋入口
戸部町7
美術館北
西平沼橋
戸部警察署前
桜木町7
いちょう通り西
平沼2
平沼小
戸部町6
みなとみらい大通り
三菱重横浜ビ
西平沼町
戸部駅
松島病院
花咲町6
西平沼
戸部本町
桜木町
みなとみらい
東海道
花咲町6
桜木町6
横浜戸部本町局
戸部町5
みなとみらい3
西横浜駅へ
京急本線
中央1
紅梅通り
亀田病院
桜木町
けやき通り
花咲町5
西区役所入口
御所山
戸部4
みなとみらい
戸部杉山神社
雪見橋
雪見橋国道側
横浜銀行本店ビル
戸塚駅・保土ケ谷駅へ
御所山町
戸部公園
伊勢町3
妙照寺
日石横浜ビル
西区役所
西前小
戸部町4
花咲町4
西区役所
戸部小学校入口
掃部山公園
桜木町4
中央2
戸部小
戸部町3
県立音楽堂
ニューオータニイン横浜プレミア
浜松町
伊勢町2
西前町2
光源寺
横浜能楽堂
県立図書館
紅葉坂
紅葉ケ丘
紅葉橋
妙玄寺
桜木
西前町3
西中
戸部町2
西戸部町2
ホテルテラス横浜
宮崎町
西戸部町3
藤棚町1
伊勢町1
戸部町1
伊勢山皇大神宮
花咲町3
老松町
フレックスステイイン桜木町
桜木町
音楽通り
川本クリニック
日ノ出町駅へ
横浜市民ギャラリー

C
D
横浜港大さん橋
国際客船ターミナル P19・84
X-PORT P93
市営4号上屋
大さん橋ふ頭ビル
横浜港
1
シーバス P85・125
市営1号上屋
産業貿易センター前
赤い靴はいてた
女の子像
白灯台
日本郵船氷川丸
横浜市
中区
山下公園通り
県民ホール前
山下町
山下公園 P19・85
神奈川県民ホール
山下公園(シーバスのりば) P85・125
マリーンシャトル
(山下公園のりば) P84
横浜市山下ふ頭
港湾厚生センター
2
ハイアットリージェンシー横浜
(2020年春オープン予定)
ホテルモントレ横浜
NHK横浜放送会館
神奈川芸術劇場
山下公園中央口
エクステ
山下公園
バー シーガーディアンII P94
ホテルニューグランド
山下町
みなとみらい線
本町通り
山下公園東口
バー スリーマティーニ
P95
石のステージ
1出口
ローズホテル
横浜
中華街東門
マルエツプチ
合同庁舎
マリンタワー前
源豊行本店
P88
横浜マリンタワー
(休館中)
山下公園詰所
横濱
ティアタワー
2出口
横浜天主堂跡
メルパルク横浜
横浜中華街
8・86
重慶茶楼 横浜中華街本店
P87
バーニーズ
ニューヨーク
山下橋
新山下出口
横浜人形の家
ホテルリブマックス
横浜元町駅前
3出口
元町・中華街駅
4出口
合同庁舎
山下町出口
山下橋東
新山下
横浜大世界
丸善ビル
謝甜記 貳号店
P86
ぱんだや P88
山下町公園
3
梅蘭 市場通り店
P87
谷戸橋
5出口
神奈川3号狩場線
新山下1
新山下1
元町プラザ
アメリカ山公園
NTT
前田橋
元町
新山下1
高橋ビル
元町1
森ブラザービル
KKRポートヒル横浜
市場通り
元町2
山手町
元町ショッピングストリート
元町3
横浜地方氣象台
港の見える丘公園
港の見える丘公園前
新山下2
元町百段公園
元町4
横浜外国人墓地
新山下2
石川クリニック
岩崎博物館
大佛次郎記念館
山手
横浜インターナショナル・スクール
横浜学園附
元町幼稚園
元町5
山手町
県立神奈川
近代文学館
山手十番館 P91
4
山手資料館
近代文学館入口
山手町
願西寺
山手ビラボルテ
元町公園
近代文学館入口
韓国総領事館
末日聖徒
イエス・キリスト教会
リス女学院高
代官坂上
ベーリック・
ホール
えの木てい 本店
P91・92
諏訪町
汐汲坂
元町
公園前
エリスマン邸
ブリキのおもちゃ博物館
山手ロイストン教会
C
D

馬車道・山下公園・横浜中華街・山手

東京交通図

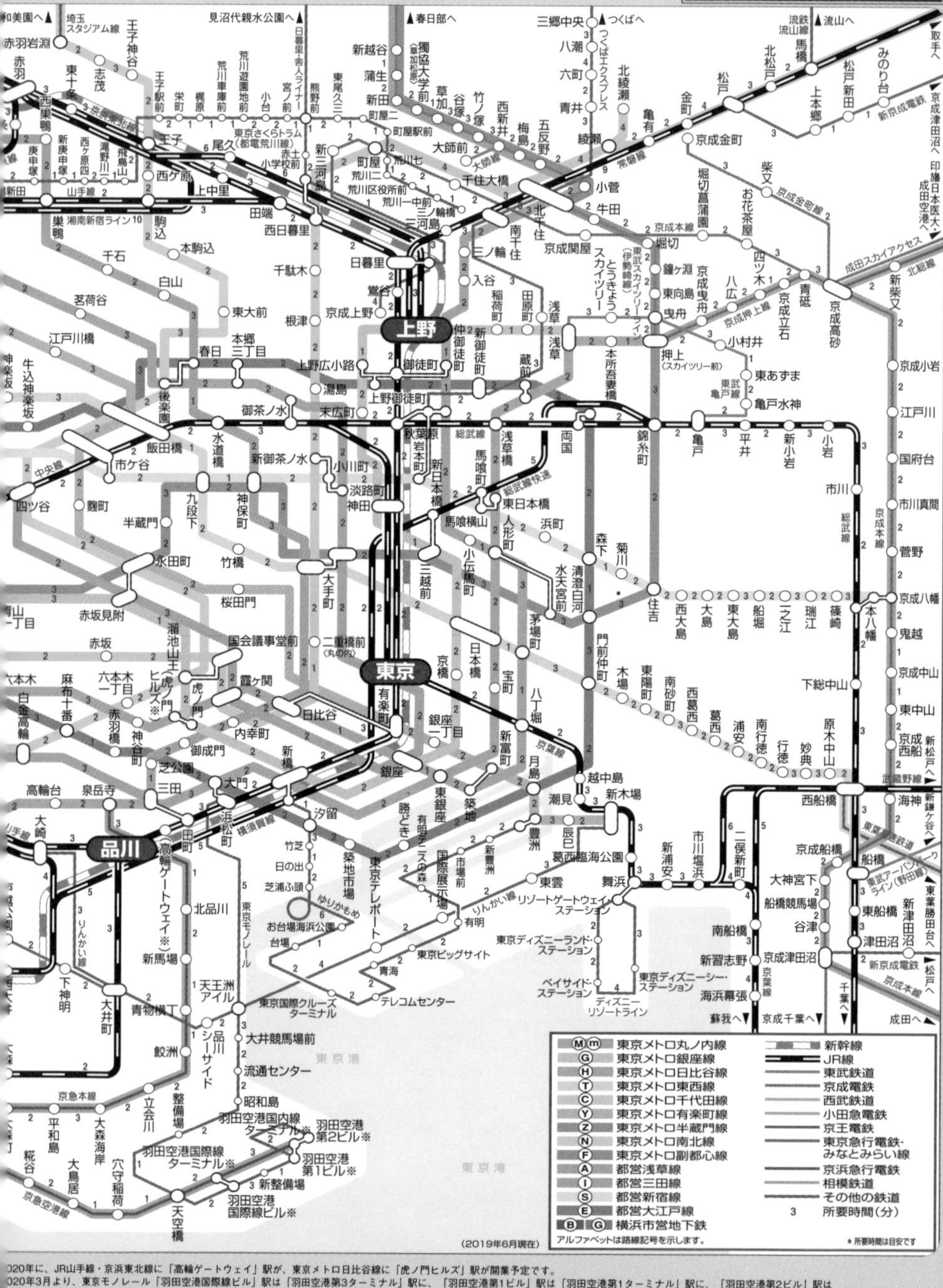

020年に、JR山手線・京浜東北線に「高輪ゲートウェイ」駅が、東京メトロ日比谷線に「虎ノ門ヒルズ」駅が開業予定です。
020年3月より、東京モノレール「羽田空港国際線ビル」駅は「羽田空港第3ターミナル」駅に、「羽田空港第1ビル」駅は「羽田空港第1ターミナル」駅に、「羽田空港第2ビル」駅は
田空港第2ターミナル」駅に。京浜急行「羽田空港国際線ターミナル」駅は「羽田空港第3ターミナル」駅に、「羽田空港国内線ターミナル」駅は「羽田空港第1・第2ターミナル」駅に、
業道路」駅は「大師橋」駅に、「花月園前」駅は「花月総持寺」駅に、「仲木戸」駅は「京急東神奈川」駅に変更予定です。

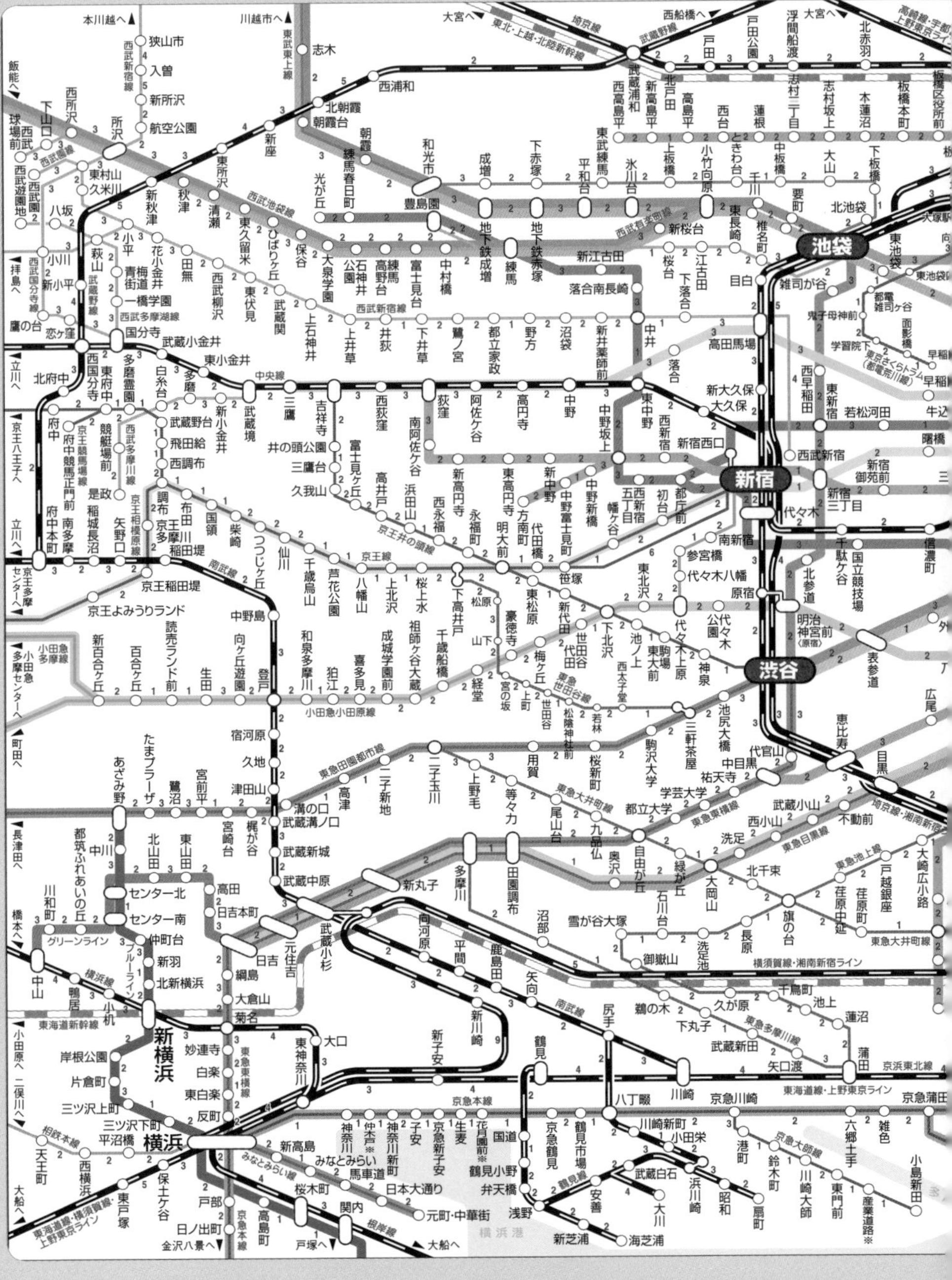

本川越へ
川越市へ
大宮へ
西船橋へ
大宮へ
高崎・宇都宮線
上野東京ライン
飯能へ
狭山市
西武新宿線
入曽
新所沢
航空公園
東武東上線
志木
埼京線
武蔵野線
東北・上越・北陸新幹線
戸田
戸田公園
浮間舟渡
北赤羽
西浦和
武蔵浦和
北戸田
西高島平
新高島平
高島平
西台
蓮根
志村三丁目
志村坂上
本蓮沼
板橋本町
板橋区役所前
西所沢
所沢
下山口
西武球場前
北朝霞
朝霞台
朝霞
新座
東所沢
和光市
成増
下赤塚
平和台
東武練馬
氷川台
上板橋
小竹向原
ときわ台
中板橋
大山
下板橋
西武園
西武遊園地
東村山
久米川
西武池袋線
新秋津
秋津
清瀬
東久留米
練馬春日町
光が丘
豊島園
地下鉄成増
地下鉄赤塚
練馬
千川
要町
北池袋
東長崎
椎名町
西武有楽町線
新桜台
池袋
東池袋
大塚駅前
八坂
小平
花小金井
田無
西武柳沢
東伏見
ひばりヶ丘
保谷
大泉学園
石神井公園
練馬高野台
富士見台
中村橋
新江古田
江古田
桜台
落合南長崎
下落合
目白
雑司が谷
都電雑司ヶ谷
東池袋四丁目
鬼子母神前
学習院下
面影橋
東京さくらトラム（都電荒川線）
早稲田
拝島へ
西武国分寺線
小川
新小平
萩山
西武多摩湖線
青梅街道
一橋学園
武蔵関
上石神井
西武新宿線
上井草
井荻
下井草
鷺ノ宮
都立家政
野方
沼袋
新井薬師前
中井
落合
高田馬場
鷹の台
恋ヶ窪
国分寺
武蔵小金井
東小金井
中央線
武蔵境
三鷹
吉祥寺
西荻窪
荻窪
阿佐ケ谷
高円寺
中野
東中野
大久保
新大久保
西早稲田
東新宿
若松河田
牛込
立川へ
北府中
西国分寺
東府中
多磨霊園
白糸台
多磨
新小金井
府中
府中競馬正門前
京王競馬場線
競艇場前
西武多摩川線
武蔵野台
飛田給
西調布
井の頭公園
三鷹台
久我山
富士見ケ丘
高井戸
浜田山
南阿佐ケ谷
新高円寺
東高円寺
新中野
中野坂上
西新宿
新宿西口
西武新宿
新宿
新宿御苑前
新宿三丁目
曙橋
京王八王子へ
是政
府中本町
南多摩
稲城長沼
矢野口
京王相模原線
調布
布田
国領
柴崎
つつじヶ丘
仙川
京王多摩川
京王稲田堤
京王井の頭線
西永福
永福町
明大前
方南町
中野富士見町
中野新橋
西新宿五丁目
幡ヶ谷
初台
都庁前
代々木
南新宿
北参道
千駄ケ谷
国立競技場
信濃町
立川へ
京王多摩センターへ
南武線
京王線
千歳烏山
芦花公園
八幡山
上北沢
桜上水
下高井戸
松原
代田橋
笹塚
参宮橋
代々木八幡
原宿
明治神宮前〈原宿〉
外苑前
京王稲田堤
京王よみうりランド
中野島
稲田堤
向ケ丘遊園
豪徳寺
東松原
新代田
下北沢
東北沢
代々木上原
代々木公園
渋谷
表参道
小田急多摩線
小田急多摩センターへ
新百合ケ丘
百合ケ丘
読売ランド前
生田
登戸
和泉多摩川
狛江
喜多見
成城学園前
祖師ケ谷大蔵
千歳船橋
経堂
山下
梅ヶ丘
世田谷代田
池ノ上
駒場東大前
神泉
東急世田谷線
宮の坂
上町
世田谷
松陰神社前
若林
西太子堂
三軒茶屋
池尻大橋
小田急小田原線
町田へ
宿河原
久地
津田山
東急田園都市線
二子新地
二子玉川
用賀
桜新町
駒沢大学
恵比寿
広尾
あざみ野
たまプラーザ
鷺沼
宮前平
宮崎台
梶が谷
溝の口
高津
上野毛
等々力
尾山台
東急大井町線
九品仏
都立大学
学芸大学
祐天寺
中目黒
代官山
目黒
長津田へ
都筑ふれあいの丘
中川
北山田
東山田
武蔵溝ノ口
武蔵新城
武蔵中原
多摩川
田園調布
奥沢
自由が丘
緑が丘
東急東横線
西小山
武蔵小山
不動前
洗足
東急目黒線
北千束
大岡山
埼京線・湘南新宿ライン
東急池上線
大崎広小路
戸越銀座
荏原中延
旗の台
荏原町
東急大井町線
橋本へ
川和町
センター北
センター南
高田
日吉本町
新丸子
武蔵小杉
向河原
平間
鹿島田
沼部
雪が谷大塚
石川台
長原
洗足池
御嶽山
横須賀線・湘南新宿ライン
グリーンライン
仲町台
新羽
北新横浜
日吉
元住吉
綱島
大倉山
矢向
南武線
千鳥町
池上
蓮沼
中山
横浜線
鴨居
小机
ブルーライン
新横浜
菊名
鶴の木
久が原
下丸子
東急多摩川線
武蔵新田
東海道新幹線
大口
新子安
新川崎
尻手
小田原へ
岸根公園
片倉町
三ツ沢上町
三ツ沢下町
妙蓮寺
白楽
東白楽
反町
東急東横線
東神奈川
鶴見
川崎
矢口渡
蒲田
京浜東北線
東海道線・上野東京ライン
二俣川へ
平沼橋
相鉄本線
京急本線
神奈川
仲木戸
神奈川新町
子安
京急新子安
生麦
花月園前
国道
八丁畷
京急川崎
川崎新町
小田栄
京急鶴見
鶴見市場
港町
京急大師線
六郷土手
雑色
京急蒲田
横浜
新高島
みなとみらい
馬車道
みなとみらい線
日本大通り
元町・中華街
鶴見小野
弁天橋
浅野
鶴見線
安善
武蔵白石
浜川崎
大川
昭和
扇町
鈴木町
川崎大師
東門前
産業道路
小島新田
天王町
西横浜
保土ケ谷
東戸塚
大船へ
東海道線・横須賀線・湘南新宿ライン・上野東京ライン
戸部
日ノ出町
金沢八景へ
京急本線
高島町
桜木町
関内
根岸線
戸塚へ
大船へ
新芝浦
海芝浦
横浜港

東京・横浜アクセスガイド

東京・横浜へ

東京・横浜へ向かう交通手段は、新幹線や飛行機、高速バスなどさまざま。予算や所要時間など、優先するポイントによって上手に使い分けよう。

■東京・横浜への行き方

飛行機で

- 札幌 → ANA／ADO／SKY 1時間40分 → 羽田空港
- 大阪（伊丹空港） → ANA／JAL 1時間10分 → 羽田空港
- 福岡 → ANA／JAL／SFJ／SKY 1時間30分 → 羽田空港
- 羽田空港 → 京急線／東京モノレール 30～40分 → 東京駅

※ANA:全日空　JAL:日本航空　ADO:エア・ドゥ　SFJ:スターフライヤー　SKY:スカイマーク
※羽田空港から東京駅・新宿駅・横浜駅など主要ターミナル駅へは、京急線、東京モノレール、リムジンバスを利用。

新幹線で

- 仙台駅 → JR東北新幹線「はやぶさ」1時間35分 → 東京駅 → JR東海道本線 26分 → 横浜駅
- 名古屋駅 → JR東海道新幹線「のぞみ」1時間40分 → 新横浜駅
- 新大阪駅 → JR東海道新幹線「のぞみ」2時間15分 → 新横浜駅
- 新横浜駅 → JR東海道新幹線「のぞみ」18分 → 東京駅

東京で

東京での移動は、JRや地下鉄など鉄道路線をうまく乗りこなせるかどうかがポイント。1日乗車券などおトクなきっぷも活用しよう。エリアによっては、隣駅まで歩けることも。

JR山手線

東京、新宿、渋谷などのターミナル駅を結ぶ1周約60分、29駅の環状線。2020年春には高輪ゲートウェイ駅も開業予定。東京駅から上野・池袋・新宿と左回りに走るのが「内回り」。逆に新橋・品川・渋谷と右回りに走るのが「外回り」と覚えておこう。日中は、3～4分間隔で運行。各駅ごとの所要時間は約1～3分。東京駅～新宿駅間なら、JR中央線を使用した方が早い。

地下鉄

東京の地下鉄は東京メトロ、都営地下鉄の2社。会社ごとに初乗り運賃も異なるので、注意しよう。全13路線あるが、路線別にラインカラーで区別されており、乗車する路線の、色を覚えておけば乗り換えもスムーズだ。各駅との所要時間は約2～3分。日中は2～10分ごと間隔で運行。

＊首都圏の鉄道路線図は、P122～123

■便利でお得なチケット（1日乗車券）

チケット名	ねだん	乗れる電車やバス（フリー区間）				チケット売り場（一部、発売していない駅もあります）
		JR	東京メトロ	都営地下鉄	都電都バス	
東京フリーきっぷ	1600円	○	○	○	○	都区内のJR線と東京メトロ、都営地下鉄の各駅の券売機
東京メトロ・都営地下鉄共通一日乗車券	900円	×	○	○	×	東京メトロ、都営地下鉄の各駅の券売機と定期券売りば
都区内パス	760円	○	×	×	×	都区内のおもなJR駅の券売機
都営まるごときっぷ（1日乗車券）	700円	×	×	○	○	都営地下鉄各駅の券売機、都バスの車内など
東京メトロ24時間券	600円	×	○	×	×	東京メトロ各駅の券売機と定期券うりば

横浜で

みなとみらい線とJR根岸線(京浜東北線・横浜線から直通)のほか、市営地下鉄やあかいくつバス(P83)も便利。港町・横浜ならではの移動手段「シーバス」(船)も便利。

みなとみらい線

海沿いのエリアへは東急東横線渋谷駅方面から直通運転をしている。みなとみらい線が便利。日中は2～10分ごとの運転。「みなとみらい線1日乗車券(460円)などおトクなチケットもある。

シーバス (→P83・85)

横浜駅東口から山下公園を結ぶ海上アクセス。ぷかりさん橋とピア赤レンガに寄港する便が約20分おきに運航。横浜駅東口～山下公園間の乗船料 700円。※2019年11月現在、臨時ダイヤで運航。乗船前に横浜クルージングの公式サイトで確認を。

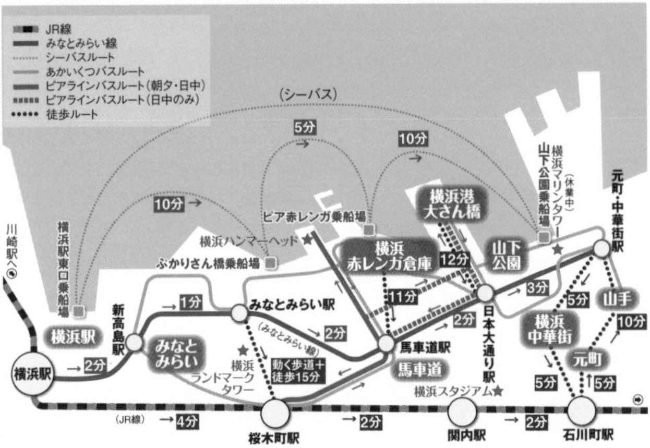

早わかり交通マップ

ひとり旅って、こんなに楽しい!

ソロタビ 東京・横浜

2019年12月15日　初版印刷
2020年1月1日　初版発行

編集人　古川美晴
発行人　今井敏行
発行所　JTBパブリッシング
印刷所　JTB印刷

企画・編集　国内情報事業部
PULS(JTBパブリッシング編集制作分室)東海林愛果
表紙デザイン　フラミンゴ・スタジオ
本文デザイン　BEAM　I'll Products(森田篤成　谷村凪沙　丸岡葉月　岡村一輝)　猛烈工房
取材・執筆　ウランティア(梅澤眞己枝　永田晶子　鈴木遥賀)
菱川まさこ　外谷千佐子　船越玲子
山田美恵　大矢由紀子　太田江里子
撮影・写真　浦田真行　PIXTA　関係各施設・横浜市
地図　ゼンリン　ジェイマップ
モデル　舞夢プロ(成木未菜　西野陽子　今井春花)
BLUE LABEL(小槙まこ)

JTBパブリッシング
〒162-8446　東京都新宿区払方町25-5
編集:03-6888-7860
販売:03-6888-7893
https://jtbpublishing.co.jp/

Printed in Japan
193281　760590
ISBN　978-4-533-13808-9　C2026

おでかけ情報満載　https://rurubu.jp/andmore/

●本誌に掲載した地図の作成に当たっては、国土地理院長の承認を得て、同院発行の50万分1地方図、2万5千分1地形図及び電子地形図25000、数値地図50mメッシュ(標高)を使用した。(承認番号　平29情使、第444-1223号/平29情使、第445-638号) ●本誌掲載のデータは2019年10月末日現在のものです。発行後に、料金、営業時間、定休日、メニュー等の営業内容が変更になることや、臨時休業等で利用できない場合があります。また、各種データを含めた掲載内容の正確性には万全を期しておりますが、おでかけの際には電話等で事前に確認・予約されることをお勧めいたします。なお、本誌に掲載された内容による損害等は、弊社では補償いたしかねますので、予めご了承くださいますようお願いいたします。●本誌掲載の料金は、原則として取材時点で確認した消費税込みの料金です。また、入園料などは、特記のないものは大人料金です。ただし各種料金は変更されることがありますので、ご利用の際はご注意ください。　●定休日は、原則として年末年始・お盆休み・ゴールデンウィーク・臨時休業を省略しています。●本誌掲載の利用時間は、特記以外原則として開店(館)～閉店(館)です。ラストオーダーや入店(館)時間は通常閉店(館)時刻の30分～1時間前ですのでご注意下さい。●本誌掲載の交通表記における所要時間はあくまでも目安ですのでご注意ください。また、公共交通機関の運賃は、ICカード乗車券をご利用の場合、一部のエリア・会社で運賃が異なる場合があります。●本誌掲載の温泉の泉質・効能は源泉のもので、個別の浴槽のものではありません。各施設からの回答をもとに原稿を作成しています。●本誌掲載の宿泊料金は、原則としてシングル・ツインは1室あたりの室料です。1泊2食、1泊朝食、素泊に関しては、1室1名で宿泊した場合の1名料金です。料金は取材時点での消費税率をもとに、諸税、サービス料込みで掲載しています。季節によって変動しますので、お気をつけください。

ソロタビ(国内)
760590